SALIR DE LA CAVERNA

Terminación de la trampa de reencarnación
Libro 1

Howdie Mickoski

Salir de la caverna, Terminación de la trampa de la reencarnación
Libro 1
Derechos de autor © 2022 Howdie Mickoski
Todos los derechos reservados

ISBN
978-82-691266-9-3

Translated by: Luisa Fernanda Niño Martinez

Font: Garamond 12pt

Diseño de portada: Verushka Ettlin
Foto de portada: Tommy Milanese (www.pexels.com)

Versión es español de los primeros 6 capítulos del libro en Inglés.

Tabla de Contenido

NOTA

Quien dice que sabe con certeza qué pasa cuando uno muere, o cómo o porqué se creó el universo está mintiendo. Todo lo que uno puede conocer es una serie de ideas investigadas, ajustadas por las experiencias personales, para luego compartir una teoría probable. Es lo que estoy haciendo en este libro. Yo no sé si las respuestas que comparto aquí son ciertas, pero a través de mis años de investigación, siento que estoy cerca a la verdad. Únicamente cuando mi evento de transición suceda, lograré saber que tan cierta es mi teoría.

Este es el primer libro de una serie de 2 partes y el libro 2 estará disponible durante la primavera del 2023. Las dos partes configurarán un libro completo, que siento serán útiles para prepararme para mi "Viaje definitivo" y espero que lo sean también para el lector.

En este libro, yo comparto ideas bastante fuertes sobre la realidad. Esto no significa que yo apoyo el "partir" de esta realidad de manera prematura. Este libro tiene como intención ayudar a la gente a examinar y entender la compleja realidad ilusoria, y animar al lector a usar el tiempo disponible para ver más allá de los trucos y engaños que son parte de la ilusión. El partir "prematuramente" (en otras palabras, suicidarse), elimina la opción de tener suficiente tiempo para una preparación adecuada. Aunque esta realidad y experiencia puedan ser difíciles, mi sugerencia es usar el tiempo que tenemos en la forma física para investigar cuanto sea disponible y encontrar maneras de añadir valor tanto para otros seres humanos como hacia la naturaleza y actuar de la manera más balanceada posible. Lo demás se resolverá por sí mismo.

Excelentes editores han revisado este texto. Sin embargo, después de dicho trabajo, yo he agregado frases a través del texto antes de su publicación. Como resultado, algunos errores gramáticos o de ortografía pueden existir. Esto no representa un trabajo incompleto de su parte.

Los mejores deseos para todos.

A
BASE

"Y entré en medio de su prisión, que es la prisión del cuerpo. Y yo dije: El que oye, que se levante de su sueño profundo. Apócrifo de Juan[1]

---

[1] http://gnosis.org/naghamm/apocjn-davies.html

1

LUNA DE LA COSECHA

"Los verdaderos filósofos hacen de la muerte su profesión y, entre todas las personas, para ellos, la muerte no es alarmante. Es la posibilidad de alcanzar el deseo de toda su vida: la sabiduría."
Plato. Phaedo

Dónde está usted?

Qué pasa si usted se despierta una mañana, por ejemplo, esta mañana, con la idea que todo lo que le han dicho a usted es una mentira? Todo lo que le enseñaron en el colegio, sus padres, la religión, los programas de TV, todo es un engaño. Todos los sistemas en los que usted ha confiado, que usted cree que se crearon para ayudarle, son falsos. Una serie de mentiras calculadas y diseñadas como un mecanismo de control, para mantenerlo a usted y todos los demás en una especie de hechizo controlado por los magos que controlan esta realidad? Qué pasaría si usted descubre que incluso las áreas que aparentaban estar diseñadas para ayudarlo, tales como la religión, la espiritualidad y la autoayuda, son parte también de dicho engaño?

Qué pasaría si usted se despertara en un momento, por ejemplo, en este momento, y se da cuenta que usted ha muerto, que se encuentra en una dimensión después de la muerte? Un túnel de luz blanca se encuentra al frente de usted, y un ángel amoroso o su abuela quien era muy amorosa lo está llamando a ir hacia la luz. Qué hará? El ir hacia la luz es una bendición o una trampa?

Qué pasaría si existiera una salida?

"Un tema que ha recibido mucha atención durante los últimos diez años es el de "las trampas de almas", que en pocas palabras dice que los seres no humanos[2] crearon este reino, o controlan este reino, y traen almas humanas aquí, ya que es una construcción de mundo artificial. Lo hacen para cultivar humanos y alimentarse de ellos, utilizando nuestra energía como fuente, principalmente en forma de miedo y otras emociones negativas, como muestra la película Monsters Inc. Cuando morimos, y podemos alejarnos de todo esto, en el momento clave, somos engañados por extraterrestres disfrazados de seres de luz o seres queridos. (Entonces) uno entra en un túnel de luz, o sube por una escalera de luz. Hacer cualquiera de las dos cosas hará que entremos en el ciclo de la reencarnación y regresemos otra vez a otra vida en la "granja de almas". Wayne Bush[3]

Esta cita de Wayne Bush brinda toda la información que se necesita sobre el tema, y las próximas doscientas páginas serán un examen de las cinco oraciones anteriores. Para ello vamos a tener que examinar evidencia sobre la vida y la muerte. Esto incluye lo que se conoce como Experiencias Cercanas a la Muerte (ECM), conceptos como karma, reencarnación y pecado. Un punto de discusión fundamental para este libro será la alegoría de la Caverna de Platón, que se encuentra en su libro La República. Es una historia sobre una caverna de prisioneros a los que engañan para que vivan una vida de ilusión. Los investigadores intentan explicar la analogía de la caverna de Platón y su salida de forma sencilla. Encajan su análisis en sus creencias sobre este mundo y pocos se preguntan si es una analogía útil. Este libro no analiza las trampas, sino que busca la base de estas.

---

[2]   *Conocidos como arcontes en los textos gnósticos de Nag Hammadi*
[3]   http://www.trickedbythelight.com

Generalmente cuando una persona ha tenido una ECM relata una historia similar.

Generalmente cuando una persona relata una experiencia cercana a la muerte, relata una historia similar. [4] Entran en un reino que les resulta confuso, hasta que ven una luz blanca (a menudo un túnel), tal vez con seres parecidos a ángeles o parientes muertos animándolos a que vayan hacia la luz. Algunos se encuentran con una escalera. Quienes experimentan esta luz dicen que es la experiencia más hermosa que puedan imaginar. Según los relatos, es el amor personificado, un lugar del que no querían salir. En algún momento se les dice, ya sea después de una especie de revisión de vida o con una sola frase "que no es el momento todavía" "que tienen trabajo pendiente o una misión por completar" o que "tienen mucho que aprender todavía" y son enviados de regreso a sus cuerpos en la Tierra. La experiencia tiende a transformarlos y muchas veces sus vidas cambian de manera drástica. Generalmente las personas se vuelven más compasivas, más amorosas y pierden el miedo a la muerte. Todo suena positivo cierto? O acaso es demasiado bueno para ser cierto? Revisaremos algunas de estas experiencias ECM en el capítulo 4.

"Y no es de extrañar, porque el mismo Satanás se disfraza de ángel de luz". 2 Corintios 11:14 [5]

Pero estas no son las únicas experiencias de muerte que la gente ha tenido. Muchas de estas "otras experiencias" tienden a indicar que la historia estándar de la luz blanca y los ángeles amorosos no es más que un truco, y que cualquier alma que caiga en ella sólo habrá logrado una continuación de la esclavitud. Al examinar la historia estándar, comencé a preguntarme si aquellos que tuvieron experiencias "agradables" contaron sus historias como parte de lo que yo llamo una campaña de propaganda. A aquellos que son enviados de regreso aquí (a menudo contra su voluntad) se les podría haber dado una versión "ligera" de la experiencia para escribir libros describiendo cómo el túnel de luz blanca es algo positivo.

---

[4] En el vínculo http://www.nderf.org hay una base de datos de más de 4000 ECM y otros libros sobre el tema se han basado en cientos & a veces miles de casos.

[5] Traducción https://www.biblegateway.com/passage/?search=2%20Corinthians%2011&version=NIV

Hay que tener esto en cuenta. La minoría de las experiencias, un 15% describe experiencias completas, mientras que el 85% de estas, describen un engaño[6]. Las ECM no estándar se analizarán en el capítulo nueve.

Si uno estuviera controlando un engaño en el que se necesita que las almas permanezcan atrapadas en este reino, ¿a cuántos individuos deberían mostrarle las experiencias cercanas a la muerte? Tan pocos como sea posible.

Una de las creencias en las que se ha basado la experiencia humana es que vivimos en un mundo maravilloso, hecho por un creador amoroso, un lugar donde todos nuestros deseos pueden hacerse realidad, para que podamos crecer, aprender y evolucionar. Si tenemos suficiente fe, podremos entrar a un reino celestial lleno de nubes, arpas y ángeles por la eternidad. Este libro presentará la tesis de que vivimos exactamente en lo opuesto a esta idea. Mi investigación (a través de los grupos antiguos de gnósticos y cátaros, así como el trabajo de los filósofos modernos) revelará que vivimos en un mundo artificial y simulado, creado por una deidad maligna (llamada Demiurgo por los gnósticos)[7]. Esta realidad que habitamos es no una creación nueva, sino una copia de un reino más real que es nuestro verdadero Hogar. Cuando se examina más de cerca, esta copia del mundo se parece más a lo que ahora llamamos Inteligencia Artificial. Artificial significa no orgánico, no "vivo".

---

[6]   Yo he tenido algunas experiencias personales de muerte, cada una de las cuales ha revelado algunos elementos importantes, pero no puedo estar seguro de lo que la muerte traerá para mí o para cualquier otra persona. De hecho, una de mis experiencias de muerte (en el 2005) la cual analizaré en detalle en el Libro 2, podría no haber sido lo que parecía en su momento: una maravillosa apertura, sino más bien, un truco diseñado para mantenerme alejado de mi investigación y del destino al cual esta se dirigía (que es el material que usted está leyendo).

[7]   Antes de crear este mundo, el Demiurgo creó lo que podrían llamarse ayudantes o secuaces para sí mismo. Los gnósticos los llamaban arcontes, pero también se utilizan otros nombres como extraterrestres, demonios y entidades parásitas.

Nuestra esencia fue engañada para ingresar a esta simulación, que ha sido diseñada de tal manera que nos mantiene aquí para utilizar nuestra energía como fuente energética para mantener la simulación en funcionamiento. Algunos podrían responder que esto suena como una locura. Pero lo es? Quizás esta idea no sería una posible explicación de nuestra realidad y de la experiencia que nos rodea, llena de sufrimiento y dolor constantes?

> *"Son ellos (los extraterrestres grises) los que esperan en la luz cuando muere un ser humano. Luego, el ser humano es reciclado en otro cuerpo y el proceso comienza de nuevo... De ahí la Trampa de la Luz y del Túnel en la Muerte. Cuando una persona está a punto de morir, la escanean para determinar quién era el ser más cercano. Luego proyectan la imagen de dicho ser querido en el túnel de luz blanca y la imagen hace que la persona entre en el túnel. Si ELIGES seguir, puedes quedar atrapado y enviado a otra encarnación de su elección... estas entidades ven la Tierra como una granja". - Val Valerian*[8]

Este tema de que la Tierra es una granja de almas ha existido durante muchas décadas, pero generalmente al margen de cualquier investigación típica. Gurdjieff solía afirmar que estábamos aquí en la Tierra para convertirnos en "alimento para la Luna". La mayoría piensa que sus palabras eran simbólicas, pero probablemente no. Usted sabía que la Luna más famosa del año se conoce como la "Luna de la Cosecha"?

Se trata realmente de los humanos que cosechan sus cultivos o de la Luna que cosecha sus cultivos de humanos? El tema fue planteado por el famoso investigador de extraterrestres Robert Monroe, quien en el capítulo doce de su libro Viajes lejanos en 1971 afirmó que los extraterrestres necesitaban lo que él llamó "energía

---

[8] De los libros *Matrix II y Matrix V*, (por sus títulos en inglés) de quien afirma ser un exagente de la CIA John Grace y referenciado en http://www.trickedbythelight.com/tbtl/light.shtml

suelta"(loosh en inglés). Nuestro reino se construyó para proporcionar esta "energía suelta" a los controladores alienígenas. Yo mencionaré su libro en el capítulo tres. Val Valerian (quien afirmó ser un ex agente de la CIA), escribió una serie de libros refiriéndose a la matriz (Matrix en inglés) a partir de 1990 con el mismo tema de que la Tierra es una granja. Carlos Castañeda en su último libro "*El lado activo del infinito*" analizó cómo las entidades parásitas han estado cosechando nuestra energía durante siglos. Parte de este proceso fue darnos su mente (un ego parásito), para que seamos más fáciles de controlar y comportarnos de la manera negativa que ellos desean, y así aumentar nuestra producción de energía.

Me desconcierta la poca cantidad de gente que piensa en esta cadena alimentaria. Un pez pequeño se come un mosquito y absorbe esa energía. Un pez más grande se come el pequeño y absorbe esa energía. Un ser humano se come el pescado y absorbe esa energía. Se cree que el ser humano es supremo, ya que nada absorbe nuestra energía. Si los humanos tuvieran una comprensión más clara de la realidad, la cadena debería continuar: un arconte se come al humano y toma esa energía para sí mismo. El arconte toma esa energía, la vuelve a conectar a la simulación de la matriz, que luego será enviada de regreso para alcanzar un nuevo mosquito, y la trampa del vórtice sigue girando.

Esta idea es difícil de considerar por casi todos, porque pone a prueba todas nuestras esperanzas y deseos más preciados. Estos incluyen la idea del "libre albedrío": que afirma que esta realidad fue creada para que podamos hacer y experimentar lo que queramos. Sin embargo, más adelante seremos juzgados por nuestras decisiones. El problema con esta teoría es que hay muchos momentos en la vida de las personas en los que se siente que "no hay otra opción" o que algo "estaba destinado a suceder". Entonces, qué eventos son elecciones de libre albedrío y cuáles son destino?

En este punto todo se vuelve confuso. Un personaje de videojuego cree que también tiene libre albedrío, pero solo actúa en función de la programación que se le ha dado a su personaje codificado. Qué pasa si somos utilizados para los caprichos de otro (cómo los robots del programa de televisión Westworld que son utilizados por supuestos invitados humanos que actúan como parásitos?) Realmente elegiste tu desayuno esta mañana o fue un momento programado insertado en una computadora hace eones?

Otro tema que la mayoría de la gente da por cierto es el concepto cristiano del pecado, aunque nunca se nos dio un manual de vida al entrar en esta encarnación, ni una idea real de quién o qué juzgará nuestras acciones. La idea del karma, similar al pecado, es que las cosas buenas que hacemos son recompensadas y las malas son castigadas. Las religiones orientales han llevado el concepto de karma un poco más allá, añadiéndolo a la reencarnación, donde estos momentos kármicos determinan si uno regresa como una persona importante, un humilde campesino o incluso (Dios no lo quiera) un animal.

El tema de la reencarnación rodea todo esto. El tema de evitar una trampa de la reencarnación del alma fue la creencia fundamental dentro del grupo del sur de Francia conocido como los cátaros, a quienes la Iglesia de Roma exterminó a partir del año 1209 d.C. en su primera Cruzada e Inquisición contra su propio pueblo[9]. Sin embargo, en los últimos veinte años, el tema de las trampas del alma y la recolección de energía ha alcanzado nuevos niveles. Otro elemento clave de esta discusión es lo que se puede llamar el "borrado de la memoria", personificado en el mundo antiguo por la hermética "Copa del Olvido" y la diosa china Meng Po y su "sopa del olvido"[10]. Con este concepto podemos llegar a tener una idea de lo que está pasando, el olvido-plenitud significa no recordar la plenitud o la totalidad de lo que verdaderamente Somos.

Muchos afirmarán con vehemencia que la idea de la reencarnación es falsa porque no recuerdan nada de sus vidas anteriores, e incluso el Papa niega el concepto.

---

[9]   Los cátaros se analizarán con más detalle en el capítulo once.

[10]   Meng Po, quien sirve un té de hierbas en el Puente del Olvido, para que la gente olvide sus vidas anteriores al entrar en una nueva. Si de alguna manera uno no pudiera beber el té, o solo una parte, habría recuerdos de su vida pasada en la nueva encarnación. https://en.wikipedia.org/wiki/Meng_Po

Tenemos una vida y eso es todo. La mayoría de los que siguen una religión occidental rechazarán la idea de la reencarnación de inmediato, aunque cuando se analiza la historia temprana de muchas religiones, la reencarnación se puede encontrar en sus enseñanzas. El cristianismo podría haberla eliminado en fecha tan tardía como el año 525 d.C. Es probable que el tema se haya eliminado para ocultar este hecho, ya la gente no actuará sobre algo que no cree que exista. Las religiones orientales todavía mantienen el concepto de reencarnación, pero tampoco se parece en nada a su presentación original. Los budistas afirman que el mundo está sufriendo y que la reencarnación es la rueda del samsara y que es necesario seguir las enseñanzas del Buda para salir del ciclo, pero estas enseñanzas tienden a tratar principalmente las limitaciones morales y el sentarse con los ojos cerrados. De hecho, se habla más de cómo tener una mejor vida la próxima vez en lugar de hablar de como terminar el ciclo.

La reencarnación todavía existe en el hinduismo y tratan de centrarse en el Bhagavad Gita como pieza central de su enseñanza al respecto. Sin embargo, veo ese texto de una manera completamente diferente: más bien como un truco para permanecer atrapado en el ciclo de la reencarnación, y no como una forma de salir.

"En otras palabras, las almas comenzaron como entidades espirituales puras y se encarnan en la materia. Por qué? Para volver a casa una vez más, al lugar de donde partieron puros? Y habiendo ganado qué? Experiencias de vida virtuales, inútiles para el Plano Espiritual". Angeliki Anagnostou[11]

Algunos podrían decir que la reencarnación es un concepto falso. Posiblemente. Si usted piensa esto, le pido que tome su tiempo y considere si la tesis de este libro es cierta, cuánto cambiaría eso lo que usted ha creído hasta este momento? Podría ser que una manera de mantener la trampa de la reencarnación sea negando su existencia? Durante la mayor parte de los últimos veinte años, yo medio creía en la idea de la reencarnación. A veces me inclino por el No, e incluso

---

[11]   Anagnostou, *puedes soportar la verdad? La crónica del encarcelamiento del hombre: ¡Última llamada! página 213*

desacredité esta idea en mi libro "Enamorado de la verdad "("*Falling For Truth*" en inglés), afirmando que, como parte de Un Ser Único, todos somos parte de dicho ser, por lo que no había nada "personal" en ninguna vida. Sin embargo, seguía preguntándome por qué algunas personas, especialmente los niños pequeños, parecen tener recuerdos vívidos y completos de una vida pasada reciente. Un examen más detenido me ha llevado a creer que la reencarnación individual tiene casi un 99,9% de certeza.[12] Hay demasiadas pruebas disponibles de personas que tienen acceso a información sobre la vida de una persona que murió hace mucho tiempo y que no tienen otra manera de saberla, a menos que fueran dicha persona. La pregunta es: es la reencarnación en este planeta para nuestro beneficio (como un tipo de escuela, evolución o experiencia kármica) como las religiones y la Nueva Era quieren que creamos? O es parte de una trampa para el alma, como ahora sustenta un grupo de investigadores?

Yo hice un vídeo en YouTube a principios de 2022 cuestionando si esta realidad es una escuela o una prisión. No pasó mucho tiempo para darme cuenta de que esto no es una escuela, o uno recordaría las encarnaciones anteriores y las lecciones aprendidas. Una parte clave que revela la mayoría de las experiencias cercanas a la muerte es que el regreso a la Tierra y al cuerpo humano incluye el "borrado de memoria" mencionado anteriormente, donde se olvida todo lo de esa vida anterior. [13]

Esto por sí solo indica claramente que este no es un lugar de aprendizaje y crecimiento. Si uno toca una ortiga sin guantes, uno se pica la mano y le duele. Uno lo recuerda, y a partir de entonces, si uno

---

[12]   *Yo mismo tengo recuerdos específicos de un par de vidas anteriores, la más reciente la de un oficial de la Wehrmacht alemana que murió en Ardenas en 1944.*

[13]   *Algunas personas recuerdan vidas previas, pero generalmente no con tanto detalle como mis recuerdos de 1944. Suelen fragmentarse en pedazos, como un sueño. Sólo los niños muy pequeños tienden a tener recuerdos detallados que pronto se desvanecen a medida que crecen. Quizás la limpieza no siempre es total al entrar, sino que se desvanece a medida que nuestros padres y profesores consiguen que nos centremos en esta nueva experiencia de vida, y nos ayudan a olvidar las anteriores.*

quiere tocar ortigas, uno usa guantes. Eso es aprender. Recordar es un paso clave en el proceso. Pero si en cada encarnación hay que volver a tocar la ortiga para descubrir que pica, eso no es aprendizaje ni crecimiento, sino una locura. Esa es nuestra realidad.

Cuando vamos al colegio, nos acordamos de lo que aprendimos el año anterior. No llegamos al quinto grado y nos olvidamos de todo lo anterior, desde el primero al cuarto grado. Sin embargo, en el ciclo de reencarnación al que parecemos estar sujetos, nada queda en la memoria. El borrado de la memoria se volverá a realizar y todo quedará olvidado. Esto lleva a que la vida como ser humano en la Tierra sea un engaño, donde incluso podríamos ser engañados para que firmemos contratos del alma para indicar lo que nos va a pasar (generalmente formas de sufrimiento). El dolor y el sufrimiento son elementos constantes de este reino (para todas las criaturas) interrumpidos por momentos de "no sufrimiento", que pueden actuar como espacios para recargar nuestra batería.

La serie de televisión Westworld (al menos la primera temporada) es una excelente presentación de este concepto. Cada vez que un robot de Westworld "muere", es llevado al control de la misión para una limpieza. Esto incluye un borrado de memoria, para que se olvide de la última "encarnación" y regrese al campo con su programación intacta, para que puedan dispararle o violarlo nuevamente.

Esta es una buena razón para borrar la memoria antes de nuevas encarnaciones, porque si realmente pudiéramos acordarnos de cuánto sufrimiento hemos pasado vida tras vida, hace mucho que habríamos parado nuestras reencarnaciones.

La trampa sólo puede funcionar con el borrado de memoria. Estamos aquí para ser utilizados. Es difícil verificar exactamente para qué estamos siendo utilizados (alimento energético para el sistema, como especula la mayoría, o piezas de entretenimiento NPC (personajes no jugadores - Non player character en inglés) para entidades no humanas que entran en este reino, o como un experimento.[14] Cuando los recuerdos de Dolores y Mauve comienzan a aparecer en Westworld sobre cómo han sido tratadas, surge una nueva fuerza interior para "escapar" de la prisión de Westworld.

También parece que cualquier cuerpo que obtenemos en la reencarnación es aleatorio. El cuerpo elegido no es indicativo de cómo vivíamos anteriormente ni está ligado a ningún juicio moral basado en nosotros. Por lo tanto, lo que hagamos aquí (ya sea muy bueno o malo) no hará ninguna diferencia si somos absorbidos nuevamente por la matriz[15] y tenemos un cuerpo nuevo (o incluso el mismo cuerpo una y otra vez en una especie de bucle de tiempo continuo). Esto significa que la reencarnación está ocurriendo porque alguien nos engaña para continuar el ciclo (y de alguna manera terminamos estando de acuerdo), pero no regresamos para aprender nada ni crecer, solo para ser reciclados para otra ronda de uso y cosechar nuestra energía. La forma en que uno vive realmente no hace ninguna diferencia (esto destruye la idea del karma), sólo la manera como uno cree que vivió.

Si uno tiene suficientes cosas malas en el pasado, estas se convierten en más elementos para ser engañado y tener que regresar porque se es malo o travieso.[16] Por lo tanto, cuanto más amable y compasivo uno haya sido, menos habrá en la revisión de vida. Esto se vuelve aún más crucial cuando empezamos a darnos cuenta de que muchos de los momentos de nuestras vidas están siendo manipulados directamente por entidades parásitas. Eve Lorgen escribió un excelente libro sobre este tema llamado "Mordida de amor alienígena" (*Alien Love Bite* en inglés)

---

[14] Otra explicación para esta experiencia de reencarnación y el borrado de memoria puede ser que no seamos cultivados, sino que se está experimentando con nosotros. Esta necesidad de olvidar vidas anteriores también sería importante si en cada ejecución del experimento se busca que los sujetos actúen solo en función del momento. No se puede dejar que aquellos con quienes uno está experimentando sepan lo que está pasando o se arruinarían los datos.

[15] Término relacionado con la película de 1999 del mismo nombre que afirma que nuestra realidad es una construcción falsa, al igual que el concepto de la Caverna de Platón. Sin embargo, el término matriz como realidad falsa se utilizó mucho antes de la película, como se ve en los libros sobre la trampa de la realidad con ese título escritos por Val Valerian en 1990.

Además, si alguien ha tenido mil vidas, acaso esa persona no debería ya haber aprendido todo? Dado que la mayoría de esas vidas habrían estado llenas de sufrimiento intenso, realmente alguien necesita 997 vidas de 1000 llenas de dolor para aprender? No sé ustedes, pero en el colegio, aprendí más de profesores que eran amables, que me dedicaban tiempo y me animaban a ser creativo, no de alguien que me golpeaba constantemente con un palo en la cabeza. El planeta Tierra es una tierra de golpes de palos. Dada la forma en que se ha desarrollado el período 2020-2022, cada vez más personas se están dando cuenta de eso.

Esta trampa parece aparecer justo después de la muerte. En este estado tan confuso, el alma es aún más vulnerable. Pocos se han tomado el tiempo durante su vida para aprender a tener sueños lúcidos o viajes astrales, es decir, cómo mantener su conciencia más allá del cuerpo físico. Y así, cuando esté en el reino después de la muerte, la persona promedio será absorbida por una experiencia similar a cuando tenemos un sueño, donde nos dejamos llevar, sin importar cuán extraño sea. La trampa ya se está tendiendo con la falta de conciencia en nuestros sueños. Carlos Castañeda dedicó mucho de su trabajo enfocado a ser conscientes en nuestros sueños, como parte clave del trabajo global. Nuevamente estoy empezando a ver más por qué es así.

Un gran número de ECM describe lo que se llama una revisión de vida. Esta tiende a presentar nuestra vida anterior de una manera que muestra principalmente lo "malos" o "egoístas" que hemos sido. Algunas ECM han tenido que lidiar con consejos y discusiones sobre su destino e incluso contratos a los que el alma es "presionada" a firmar.

Entonces aparece la luz blanca, a menudo con una figura amorosa como guía, y la persona entra en la luz. De alguna manera ese movimiento hacia la luz sella nuestro destino. Estamos de vuelta en el

---

[16]   Discutiré la importancia de la recapitulación en los capítulos dos y seis.

ciclo. Es posible que no reencarnemos inmediatamente; algunos sugieren que podrían ser treinta años terrestres de espera, y no necesariamente en un entorno celestial.[17] Y entonces, si no es la luz blanca, adónde deberíamos ir? Hablaremos de esto más adelante.

Para saber qué hacer en el reino después de la muerte, tenemos que prepararnos mientras aún estamos en este. En realidad, es una de las prácticas más importantes mientras estemos en el cuerpo, pero tiende a verse como menos importante que prácticas más estándar de meditación, yoga y atención plena. Una vez que una persona finalmente ve que este no es un mundo creado para ayudarnos o concedernos nuestros deseos, sino que es una granja de recolección de nuestra energía, podemos hacer un cambio. Dejamos de centrarnos en cómo volvernos importantes y utilizamos nuestro tiempo para prepararnos para el momento en el que sea posible escapar. Hay que tomar en serio la manera como uno vive y no arrepentirse en esta vida (porque el arrepentimiento puede ser una herramienta para engañarnos y hacernos regresar). No se trata de volverse perfecto o santo, sino de usar esta vida para resolver todo y superar al Demiurgo, porque si no, usted volverá aquí después de un borrado de memoria tipo Westworld. No importa cuánto se haya avanzado en la vida anterior, en la nueva vida se vuelve al punto de partida, olvidando toda una vez más. Todo el "conocimiento exaltado" en el que hemos llegado a creer (ya sea a través de libros o personas que admiramos) sólo tiene valor en el momento.

*

El capítulo dos presentará un análisis completo de la alegoría de la Caverna de Platón, generalmente interpretada como un símbolo de estar encerrado en un reino de ilusión. Generalmente, cuando la Caverna de Platón se menciona en libros o se muestra en películas, la atención se centra en cómo mejorar la experiencia dentro de la caverna ilusoria.

---

[17] Algunos han afirmado que estos puntos de espera son ciudades astrales, donde los arcontes mantienen a las almas en espera en una especie de estado policial totalitario de control y subyugación. Vea los videos del canal de YouTube "Free At Last" y los trabajos de Wes Penre para obtener más información.

19

En ellos se discute cómo cambiar pensamientos, ver a través de los sistemas de control, cambiar gobiernos o vivir fuera del sistema normal de comercio, tal vez en una granja en el campo, y cómo hacer que la vida en la prisión sea más placentera. Es posible que aprender a funcionar de manera diferente en el mundo de los sueños pueda tener algún valor, pero mientras uno esté en este reino material, en el astral, el súper angelical, o incluso en el Vacío, uno todavía se encuentra en la Caverna de Platón. Lo que el análisis de la Caverna de Platón no presenta es cómo SALIR de esta y escapar por completo de este reciclaje que parece un matadero.[18]

Parece que uno nunca podrá salir de la caverna mientras esté en un cuerpo material, o incluso en un cuerpo astral. Cómo se sale de un reino que está configurado para garantizar que casi nadie se vaya? Como dice la canción "Hotel California" (que describe la trampa de la reencarnación), "usted puede entrar cuando quiera, pero nunca podrá irse" [19]. Sólo recientemente me di cuenta de que muchos de los maestros a los que admiré durante toda mi vida nunca habrían logrado salir de la Caverna. A pesar de todo sus conocimientos, habilidades curativas y conexión con la Unidad, no habrían visto los trucos y engaños de este reino. Se habrían reciclado de la misma manera. Los supuestos grandes líderes de la fuga nunca supieron realmente cómo escapar. Esta puede ser una conclusión impactante para quien ve a sus maestros como seres incuestionables.

Si asumimos que el Demiurgo que ha creado este reino puede compararse con una súper computadora gigante manejada por inteligencia artificial, entonces podríamos vernos a nosotros mismos como computadores individuales. Estamos conectados a esta súper computadora, y no sólo podemos descargar desde ella, sino que ella también puede descargar en nosotros. Así como no tenemos idea de lo

---

[18] Ciertas personas como Mark en "Forever Conscious Research" (canal de YouTube) ofrecen sugerencias para prepararse para "terminar con este lugar", pero estas alternativas son pocas en la masa de información que existe.

[19] En el sitio http://www.trickedbythelight.com Wayne Bush hace un análisis complete de la canción.

que Internet y las "cookies" instalan en los computadores de nuestra casa, no tenemos idea de con qué frecuencia el sistema Demiurgo nos coloca "cookies" de manipulación.

Siguiendo con la metáfora, no tiene sentido alterar nuestro computador o comprar uno nuevo, sino que tenemos que usar lo que poseemos actualmente para aprender a navegar en el reino después de la muerte, que es como navegar por el interior de una súper computadora. La buena noticia es que dentro de nosotros tenemos una chispa de algo que no es parte del sistema de inteligencia artificial. Podríamos llamar a esto el alma. Pero qué es un alma y, si está atrapada, cómo quedó atrapada?

Hay que mirar qué es el alma y preguntarse si eso es lo que realmente está atrapado. Quizás nuestra Esencia o Naturaleza Espiritual sea lo que está atrapada, engañada para entrar en este reino fabricado. Entonces, de dónde vino el alma? Ahora he llegado a verlo como una especie de puente entre la Esencia que está fuera de esta realidad y los mundos falsos material y astral. Angélica Anagnostou comentó en su sitio web "Puedes soportar la verdad?" que el Demiurgo, después de engañar a la Esencia para fabricar una nueva creación, necesitaba solidificarla en la construcción. Lo hizo creando el alma. Esto es un verdadero giro, ya que el alma generalmente es algo que se presenta como la parte de "nosotros" que es más real. Y en cierto modo lo es y no lo es. Ella afirma que el Demiurgo tomó el trozo de Esencia y lo combinó con energía. El alma es la primera trampa, pero al mismo tiempo contiene la parte que nos libera (el trozo de Esencia). Para aumentar la trampa, a medida que se creaban formas más densas de materia, el alma se ubicó en los cuerpos astral, etéreo y finalmente material.

Esta podría ser la razón por la que el Demiurgo y los arcontes sienten que pueden cosechar nuestra energía, porque fueron ellos quienes nos dieron el componente de "energía" en nuestra "forma". Esta constante manipulación y recolección del componente energético no permite que nuestra Esencia sea libre y, por lo tanto, es malvada. Ahí es donde somos superiores al Demiurgo, porque la Esencia es el Bien. Tenemos que volver al punto del alma, no para quedarnos allí, sino para tener el control total de ella y liberar el componente energético que, para empezar, no es realmente nuestro. Esto podría reflejar los conceptos de Carlos Castañeda que se mencionarán en capítulos más adelante. Así podríamos quedar completamente centrados en la Esencia, con todo lo falso (incluyendo el alma) descartado. Es la Esencia la que saldrá por el "ojo de la aguja". Nada del mundo de los sueños puede traspasar la barrera.

No estoy diciendo que esta teoría sea correcta o que alguien deba creerla, pero es una posible explicación para todas las trampas que experimentamos y por eso la presento aquí y volveré a ella en revisiones futuras. A partir de este punto del libro usaré las palabras "alma" y "Esencia" de manea intercambiable para lo que quiero referirme: esa parte de nosotros que es Absoluta, Pura y está fuera de estos reinos simulados.

Si buscamos respuestas sobre cómo salir, encontraremos que hay algunos grupos e individuos que pueden estar viviendo sus vidas con el objetivo de lograrlo. No somos los primeros seres humanos que estudiamos esta realidad y buscamos estas respuestas. Los gnósticos son uno de esos grupos, y examinaré sus ideas en el Libro 2. Otro grupo fueron los cátaros. Por qué es importante el estudio de un grupo de personas genocidas en el siglo XIII? Los cátaros tenían como principal creencia que este era un mundo creado por un dios maligno (Rex Mundi) que los mantenía en un ciclo de reencarnación, y su único objetivo en esta vida era escapar de él. Los cátaros no estaban preocupados por mejorar este lugar, ni por encontrar nuevas formas de gobierno, ni de comercio, ni cosas similares. Su objetivo era escapar para siempre del reino maligno del Rex Mundi y regresar al Hogar del Padre.[20]

La gente lleva mucho tiempo practicando todo tipo de ejercicios espirituales: elevar su frecuencia vibratoria, afinar sus chacras, recitar mantras, hacer estiramientos de yoga, ser vegetariano, cerrar los ojos para meditar durante una hora. Y qué le ha aportado esto a los practicantes? Es el mundo un lugar mejor que hace 50 años? En realidad, es fácil argumentar que ha empeorado y continúa haciéndolo. Y qué hay respecto de las personas? Alguien que haya hecho todo este trabajo realmente ha pasado por una transformación interior? Puede que se sientan mejor, pero una vez que se quita el barniz básico de engaño que los ha cubierto, qué valor queda? Pueden realmente alterar y controlar la realidad como creen que pueden hacerlo, o todavía están a merced de fuerzas a las que tienen que seguir orando? ¿Están más preparados para morir y saben lo que tienen que hacer para navegar en el reino del más allá?

O han cambiado la posible Verdad por estar en un estado de amor y luz fingido, y sentirse mejor? ¿Qué tiene valor y qué son simplemente "juegos jugados dentro de juegos"?

Si bien este libro se centra en comprender lo que nos depara la transición después de la muerte, no sugiero que se ignore el mundo material. No diré que usted deje de comer, de tener relaciones sexuales o de trabajar para mejorar su situación en esta realidad. Tampoco etiquetaré como malas las llamadas prácticas espirituales, religiosas o de chamanes. Estamos teniendo una experiencia en un cuerpo material, ya sea que hayamos sido engañados aquí o no, y esa experiencia corporal no puede ignorarse. No hay nada de malo en aprender a funcionar mejor aquí. Me interesa saber qué hierbas y puntos de acupresión utilizar cuando no me siento bien. Los chamanes de culturas nativas pueden realizar curaciones asombrosas e incluso realizar cambios en el mundo material.[21] El problema es que la gente pone toda su atención en el mundo material, en cómo controlarlo, sacar provecho de él o arreglarlo. Pero puede realmente un personaje de videojuego cambiar el videojuego? Incluso el camino para salir de la Caverna de Platón no puede ser infundado. No podemos simplemente volar como Peter Pan e ignorar al mundo. Debe haber un enfoque equilibrado.

---

[20]   Otra creencia cátara clave era que los humanos eran originalmente almas conectadas con el Padre, pero el Demiurgo los engañó para que entraran en la materia, donde quedaron atrapados reencarnando una y otra vez. El trabajo de los cátaros era vivir de una manera particular para detener el ciclo de reencarnación en el que se encontrarían mientras mantuvieran su atención alejada de las creaciones de Rex Mundi (que para ellos lo era todo). Esa es la versión simple; hay mucho más, incluido cómo veían a Jesús y Magdalena, Juan el Bautista, la Biblia, la igualdad de la mujer; incluso que eran los legítimos poseedores de un objeto/conocimiento conocido como el Santo Grial.

Otra cosa que debería resultar obvia, si se mira esta realidad con honestidad, es la facilidad con la que todos nos dejamos engañar. Una vez uno se da cuenta de que todas las organizaciones importantes (ya sean gubernamentales, de medios o publicidad) están dirigidas por personas entrenadas en cómo engañar y manipular, tiene sentido en qué se ha convertido nuestro reino. Siguiendo el principio hermético de "como es arriba es abajo", es sorprendente que el reino astral después de la muerte sea uno de puro engaño?

Si no está seguro de cuán engañada está la gente en este ámbito, basta considerar la pequeña historia de Sherwood Schwartz. En la década de 1960, Schwartz era uno de los principales productores de televisión, con una serie de programas exitosos como La isla de Gilligan (la historia de siete náufragos varados en una isla desierta en el Pacífico que nunca logran salir de la isla). Un día, la Guardia Costera de

---

[21]   Los libros de Tomas Mails sobre Fools Crow son excelentes fuentes de lo que se puede "hacer" en la realidad física.

[22]   *Panorama general del sistema de esclavitud mundial y separación de la vida*. Aunque Ken llamó al jefe original de la Enéada, Annu, es un nombre que en realidad se refiere a la antigua ciudad de Heliópolis, sobre la cual está construido el centro de El Cairo.

Estados Unidos, vino a visitarlo cargando montones de telegramas. Le dijeron a Schwartz que los mensajes fueron enviados a estaciones navales y de la Guardia Costera de Estados Unidos de costa a costa. Schwartz empezó a leerlos y se sorprendió. Todos hablaban del mismo tema: "Querida Marina de los EE. UU., ustedes se gastan millones para enviar portaaviones por todo el Pacífico, pero no pueden enviar un solo barco para sacar a esos siete estadounidenses varados de esa isla? Están perdidos y a punto de morir de hambre. Por favor, vayan a buscarlos". Esta no era una carta de un loco ni enviada como una broma. Hubo miles de estos enviados por estadounidenses normales que pensaban que el programa de televisión La isla de Gilligan era real. No podían distinguir entre un programa de televisión y la realidad. Si cree que se trataba simplemente de gente atascada en la década de 1960, considere que la persona promedio en estos momentos se ha convertido en un robot que hace lo que las personas en una pantalla de televisión durante un noticiero les dicen que hagan. "Así es", parafraseando a Kurt Vonnegut.

La idea que este mundo fue creado por un Dios amoroso que se preocupa por nosotros, Coincide con su experiencia del mundo y las experiencias de quienes lo rodean a usted? Cómo podría una deidad amorosa no intervenir y ayudar, pero dejar que continúe todo el sufrimiento masivo en la Tierra? Quizás porque el creador, sea quien sea, quiere el sufrimiento. Es por eso por lo que no interviene. La idea absoluta de que Dios nos ama/me ama es una gran mentira en la que están atrapadas todas las religiones y la Nueva Era. Encuentran maneras de convertir la tortura de este mundo en un "mensaje maravilloso y un aprendizaje de la luz". De verdad usted cree que Dios quiere que golpeen a un niño de ocho años, que violen a una niña o que un dueño torture a su perro? Un examen cuidadoso revelaría que es el Demiurgo/Satanás es quien quiere eso.

La idea de que "Dios nos ama" es un pilar fundamental sobre el que se construye toda esta matriz. Es una base tan sólida que muchas personas se enojarán si se sugiere lo contrario; porque si se descubriera que esta creencia es falsa, también habría que cuestionar cualquier otra conexión con esta realidad. Por lo tanto, la creencia de "Dios me ama" es una de las creencias más difíciles de superar. (Como tal, este libro va a ser radical hasta el extremo y herético hasta la médula. Nada es sagrado ni está fuera de los límites del examen, porque si todo lo que se nos ha dicho es mentira, entonces no tenemos fundamento).

Este es un pozo de sufrimiento del infierno. Incluso los pocos que no parecen estar sufriendo cuando hablan honestamente, dicen estar desgarrados por la culpa y la vergüenza, aunque no lo demuestran exteriormente. Todos los demás están lidiando con el sufrimiento y el dolor en niveles mucho más altos que ese. Muchos intentarán justificarlo: "Oh, Dios quiere mi dolor para que pueda aprender (quizás sobre el amor), para que Él pueda enseñarme o impulsarme a comenzar una nueva dirección en la vida". No. Seamos honestos. Este es un pozo de sufrimiento del infierno. Siempre ha sido un infierno de sufrimiento, y siempre lo será. Si usted no entiende eso, lo han engañado acerca de lo único que realmente se necesita aprender aquí. También se podría afirmar que nuestra realidad es una locura. Si miramos el año 2022 con honestidad, no cuesta mucho llegar a esa conclusión. Sin embargo, este mundo siempre ha sido una locura, aunque en distintos grados. La creencia siempre ha sido que en el pasado las cosas eran muy diferentes, pero eso puede ser sólo una ilusión. Cuando uno entiende plenamente qué es esta realidad y cómo se creó, este mundo loco empezará a tener sentido. Nunca podrá ser verdaderamente cuerdo. ¡Pero usted si lo puede ser!

"No pasa nada. Nadie viene, nadie va. Es horrible." Samuel Beckett, *Esperando a Godot*

Muchos esperan que aparezca su salvador. Para algunos se trata de una figura religiosa como Jesús, Buda o Krishna. Millones de personas esperan que Donald Trump los salve. Para otros, es un cambio hacia una dimensión superior lo que los salvará, mientras que algunos creen que estamos en una fase llamada Kali Yuga y que pronto todo este mundo estará en una mejor situación. Aunque hay que preguntarse cuál es el sentido de todo esto, ya que con el próximo ciclo de Kali Yuga dentro de 26.000 años, volverá el sufrimiento de todos modos. Ese tipo de pensamiento es simplemente del tipo "Quiero sentirme bien ahora". Pero los ciclos no deben ignorarse por completo, especialmente en pequeña escala. Será útil saber qué indican las "señales" sobre lo que probablemente ocurrirán en las próximas semanas o meses, y estar preparado adecuadamente. Cuanto más tiempo tenga uno antes que un huracán llegue a la costa, más tiempo habrá para prepararse. Pero cuando se trata de ciclos más grandes, no tiene sentido esperar a que algo pase 10.000 años en el futuro si el plan es no estar "aquí" para ello.

Esperando a Godot de Samuel Beckett es un libro brillante. En la obra los dos personajes principales están en el escenario esperando a Godot. Y al final de la obra, todavía esperan. Siguen diciendo "prometió aparecer", y por eso siguen esperando. Este es el mismo truco que se les juega a todos con respecto a los salvadores. La obra indica que llegará un salvador en algún momento del futuro, pero nunca ahora. Todos permanecerán esperando, esperando y orando.

La oración es un área que he estado investigando por cierto tiempo. Orar simplemente nos convierte en "presas"? A dónde va nuestra energía y enfoque con esta práctica? Parece que la oración es simplemente poner nuestra propia autoridad sobre alguna fuerza externa con la esperanza de que le agrademos y nos conceda algo, así que seguimos tratando de complacer al titiritero. Y si nuestra oración no tiene respuesta, decimos "Es la voluntad de Dios". Bueno, si es la voluntad de Dios, por qué orar en primer lugar? Más aún, cómo sabemos a quién o a qué le estamos orando?[23] Esta es una parte crucial que casi nadie contempla. Acaso son los ángeles, guías espirituales, muertos amorosos, extraterrestres felices, Dios, Jesús o el comandante Ashtar? o son los comunicadores desagradables entidades parásitas quienes son maestros del disfraz y del engaño? Usted puede pensar que habló con un ángel o alguna figura religiosa, pero cómo lo sabe realmente? Cuando usted ora, cómo sabe hacia dónde va su intención y su energía? Entre más enfocamos nuestra energía en cosas fuera de nosotros, más pueden esos seres manipularnos y empeorar nuestras vidas. Por qué no rezar a uno mismo y confiar en su propio poder interior? Compartiré ideas y algunas experiencias en torno a la oración en el capítulo diez.

Cuando uno se da cuenta que no necesita un salvador ni orar a alguien fuera de uno, inevitablemente se producirá un cambio interior. Usted, como parte de la Esencia de su alma, es lo más poderoso dentro de

---

[23]   De hecho, la cuestión de la Voluntad de Dios tiene un potencial extraño cuando se trata de documentos legales tales como la Última Voluntad y el Testamento.

27

esta creación. Es por eso por lo que el sistema está configurado para distraerlo, confundirlo y engañarlo. Porque si uno enfoca toda la energía que normalmente está enfocada en algo externo, hacia el interior, habría una explosión de poder. Ese poder puede usarse para anular todos los sistemas y trucos que lo han mantenido aquí.[24] Cuando se aprende que el único salvador que uno necesita es uno mismo y que la única oración que se necesita hacer es a nuestro Verdadero Ser, la salida está más cerca.

*

Si uno va a salir de la Caverna, realmente debe querer salir. Ese es el primer problema. Pocos REALMENTE quieren irse. Puede que haya muchas cosas que no les guste de la Caverna, pero todavía creen que las cosas pueden ser diferentes, mejores o más positivas. Otros están convencidos que después de morir vivirán con Jesús o con su abuela muerta, que no hay necesidad de pensar en la realidad o la muerte. El alma adquiere un tipo de adicción con cada reencarnación. Llega a conocer sólo lo material y olvida lo espiritual, como un adicto al juego que sólo puede ver la "próxima apuesta", esperando que su número de la suerte le "pague" una gran ganancia. Como se puede ver, la mayoría ya ha terminado su camino antes de empezarlo.

Si vamos a mirar dentro de la Caverna de Platón, entonces la alegoría misma es lo primero que debemos examinar. Creo que como historia no es útil porque no ayuda a explicar nuestra realidad o situación. De hecho, faltan la mayoría de los elementos más importantes. Examinemos la historia con ojos nuevos. Qué dice realmente la alegoría de la Caverna de Platón y qué puede ser valioso?

> *"Estamos en una guerra espiritual y la Caverna de Platón es el campo de batalla"*. Dice Dave Scott, en un vídeo de YouTube.

---

[24] Una de las razones para estudiar Qi Gong y Yoga es que, si uno puede dirigir toda la atención hacia adentro, si una explosión de energía ocurre al recuperar el poder, usted sabe cómo manejarla.

2

LA CAVERNA DE PLATON:
Estoy en una trampa y no puedo salir...

Podemos decir que no nacemos en el mundo. Nacemos en algo que transformamos en un mundo". Michael Talbot[25]

Una de las historias antiguas más familiares que conocen los estudiantes espirituales modernos es la de la Caverna de Platón. Se encuentra en el libro La República y es una discusión entre el maestro de Platón (Sócrates) y el hermano de Platón (Glaucón). En esta discusión, Sócrates describe la realidad utilizando la metáfora de una caverna. Lo que muchos buscadores espirituales no reconocen es que esta alegoría es sólo una explicación a medias, y en realidad es más importante examinar lo que Platón excluye que lo que incluye. Que esta metáfora sea objeto de tanta reverencia, aunque presente tan poco, es revelador en sí mismo. Acaso hubo una versión original más larga (como sospecho), que con el tiempo ha sido editada por los poderes fácticos hasta reducirla a lo que tenemos ahora? Como explicaré, esta es una historia sobre la Caverna, no sobre cómo salir de la Caverna, lo que puede hacer que parezca una historia (de libertad) pero en realidad es otra (de esclavitud continua).

La conversación en La República comienza cuando Sócrates le pide a Glaucón que imagine una caverna habitada por prisioneros encadenados y retenidos desde la infancia. No sólo están encadenados a sus asientos, sino que sus cabezas están sujetas de tal manera que sólo pueden ver la pared que está directamente al frente de ellos. En la historia hay un fuego gigante detrás de los prisioneros, con una tarima frente al fuego por donde pasan personas y animales para proyectar

---

[25] Frase encontrada en el libro "*Misticismo y ciencia contemporánea*".

sombras en la pared de la caverna.   Los sonidos hacen eco en las paredes de la caverna para que parezca que son los sonidos de los objetos de las sombras. Cuando los prisioneros ven las sombras, creen que son creaturas vivas y reales.

El primer problema que surge con esta explicación es que nadie hace las preguntas fundamentales. Quiénes son estos prisioneros? De dónde vienen? Por qué se han convertido en prisioneros y por qué han sido enviados a esta caverna y no a un campo de prisioneros de guerra o a una cárcel? Ciertamente la analogía da a entender que los prisioneros somos nosotros. No sólo debemos descubrir cómo los seres de la analogía llegan a ser prisioneros, sino que debemos preguntarnos claramente: Cómo llegamos a ser nosotros prisioneros? Prisioneros de qué o dónde? Otra pregunta que falta es quiénes son los seres que controlan este engaño? Qué ganan al hacerlo? Por qué tomarse la molestia de hacer la tarima, el fuego, los objetos de sombra y luego pasar todo el día trabajando para engañar a algunos prisioneros? Por qué están dedicando tanto esfuerzo? Una vez más, esto ni siquiera se insinúa.

Estas pueden parecer pequeñas omisiones, pero una vez que se contemplan a fondo, se puede ver que son importantes, y que tal vez no sean accidentales, ya que la alegoría podría haber sido creada para engañarnos. Los prisioneros se centran en la pared de la cueva y no en la realidad, mientras que el lector se centra en confiar en la historia y no en comprobar si la alegoría que está leyendo es algún tipo de engaño. A medida que avance este libro, espero poder aportar información sobre las piezas faltantes en la Caverna de Platón.

La forma en que Sócrates analiza cómo se producen y proyectan las sombras en la pared hace que la caverna sea una representación casi perfecta de una sala de cine. La pared de la caverna es la pantalla, los objetos son la película, el fuego es la luz de proyección y los ecos son los parlantes de la película. Sin embargo, en lugar de una sola pantalla grande en la parte delantera del cine, sería mejor imaginar que las imágenes de las sombras se proyectan en una pantalla de 360 grados. En otras palabras, una experiencia que rodea a los prisioneros en todas direcciones, incluso hacia arriba y hacia abajo. Como sugiere Sócrates, se creería que las imágenes y los sonidos son completamente reales, porque esas son las únicas imágenes y sonidos que los prisioneros han visto desde siempre.

Sócrates hace una sugerencia interesante. Qué pasaría si un prisionero fuera liberado de las cadenas y pudiera ponerse de pie? Él o ella estaría confundido. Las sombras en la pared habrían sido hasta ese momento la única realidad, y no la caverna, los otros prisioneros o los dispositivos "creadores de sombras" que él o ella hubiera visto alguna vez. Otra pregunta que conviene responder es por qué se pone de pie el preso? Ésta es otra omisión flagrante. La historia de Platón sólo sugiere que las cadenas en realidad no están cerradas y que cualquiera puede levantarse cuando quiera. Pero si ese es el caso, por qué hay tan pocos prisioneros de pie? Cualquier respuesta sobre por qué este prisionero se puso de pie es especulación personal. Quizás nadie se levante hasta que algo en la película de sombras se vuelva tan doloroso que griten y se obliguen a darse la vuelta, o quizás sea una fuerza que pueda llamarse Gracia o suerte. De cualquier manera, lo que falta es otro punto clave de la analogía. Por qué se levantó el prisionero?

La pregunta de por qué las cadenas del prisionero no están cerradas podría darnos una pista. No están cerradas porque "acordaron" convertirnos en prisioneros. Mencionaré en más adelante en este libro que parece que los seres que dirigen esta matriz necesitan nuestro acuerdo para que entremos aquí. No pueden obligarnos, pero tienen que engañarnos con contratos fraudulentos en "letra pequeña" y trucos emocionales para lograr que digamos "sí". Los prisioneros de la Caverna de Platón probablemente aceptaron entrar en la Caverna y ser prisioneros. Esta es la razón por la que un prisionero puede, de hecho, levantarse cuando lo desee; sólo tiene que revocar y poner fin a su acuerdo original. Todavía no han salido, pero tienen la posibilidad de salir cuando se rompan las ataduras que los trajeron. La mayoría simplemente creará nuevos vínculos, o creó nuevos vínculos en el transcurso de su vida, pero esos también pueden ser revocados y terminados.

La historia dice que los prisioneros encadenados tienen algún tipo de interacción entre ellos. Esto se infirió a través de las sugerencias de la historia sobre concursos sobre quién podría dar la mejor descripción de la última sombra que apareció, o quién podría adivinar qué sombra vendría a continuación. Así, el nuevo prisionero, algo confundido, podría empezar a hablar con la persona sentada a su lado sobre esta nueva caverna/teatro que ve. El prisionero sentado podría decirles que dejen de actuar de manera estúpida y que vuelvan a la realidad. Y algunos podrían hacer eso: volver a sentarse inmediatamente para concentrarse de nuevo en la película. Los pocos momentos en los que se pusieron de pie pronto podrían olvidarse. Esto podría ser más común de lo que creemos. Sin embargo, algunos, aunque sientan miedo en esta etapa, podrían sentir más curiosidad... o enojo. Esos sentimientos podrían ser lo suficientemente fuertes como para anular el miedo que les ordena sentarse. Como resultado, podrían decidir hacer un recorrido por la caverna/teatro para inspeccionarlo.

Las películas *The Truman Show* (protagonizada por Jim Carey) y *Pleasantville* (Tobey Maguire y Reese Witherspoon) añaden un par de metáforas, ya que ambas están claramente influenciadas por la analogía de la caverna de Platón. El nombre de la ciudad donde vive Truman es Seahaven, cuyo lema es "un buen lugar para vivir" (que suena celestial). Lo mismo con el nombre Pleasantville, que también suena celestial. En cada pueblo la realidad fue construida para presentarse como perfecta. En el caso de Pleasantville, se hizo a través de los valores condicionados presentados por la televisión de los años cincuenta, donde todos sonreían y nunca fallaban un tiro en un juego de bolos o en uno de baloncesto. Seahaven es el lugar diseñado para que Truman (Truman entendido como el hombre verdadero, que sería cada persona en el mundo de los sueños) se sienta cómodo, y como resultado, no tiene ningún interés en irse. En el caso de Truman, él es la única realidad y todo lo demás es un espectáculo montado para él. Los actores interpretan papeles y lo hacen para ver cómo responde Truman. Lo mismo que las sombras que se proyectan en la pared de la Caverna de Platón para mantener la atención del prisionero enfocada hacia adelante. Ambos mundos están diseñados para que la gente nunca piense en querer irse.

Christoff supervisa el mundo de Truman y, en las reseñas de la película, se le compara con Dios. Sin embargo, cuando se escuchan atentamente sus palabras, parece más una mente egoica.

Christoff está siempre en la sala de control (la Luna[26]) observando el mundo de Truman, constantemente ideando como asustarlo u ofrecerle limitaciones. Sin embargo, Christoff afirma que todo el poder está en Truman: "*Aceptamos la realidad del mundo que se nos presenta. Si lo suyo era algo más que una vaga ambición, si estaba absolutamente decidido a descubrir la verdad de su mundo, no habría manera de que pudiéramos impedírselo*". Sin embargo, este concepto tiene más significado cuando se profundiza en películas de metáforas de la caverna como Dark City, They Live y los programas de televisión Lost y Westworld. Éstas, y otras, serán examinadas más adelante en este libro.

*

Una cosa que la analogía sugiere es que vivimos nuestra vida bajo una serie de mentiras. Una de las mentiras más grandes que nos dicen es que todo lo que está sucediendo aquí es el Plan de Dios, como si todo lo que sucede estuviera en manos de Dios. De cierta manera, la mayoría puede ver un tipo de control o dirección que escapa a nuestro control. Tenemos todo tipo de nombres para esta fuerza: destino, déjà vu, *("algo ya visto" - nota de la traducto*ra) premonición. Sin embargo, nadie pregunta quién es el director de esta fuerza del destino y quién es el beneficiario de dicha organización. He llegado a ver que no es una fuerza benévola (como sugieren la religión, la Nueva Era, el Advaita o el chamanismo), sino una fuerza malévola (como sugieren los cátaros y los gnósticos).

No es complicado darse cuenta de que un reino lleno de sufrimiento y angustia no ayudaría a un creador amoroso. Ayuda a una fuerza malévola. Una buena manera de evitar que la gente vea esto es presentar al creador amoroso como una respuesta no lógica de por qué suceden tantas cosas terribles. Una deidad amorosa te hace sufrir para mejorarte. "Torturarte para mejorarte", como diría Richard Rose. Cuando a las personas les suceden desgracias traumáticas, y creen que dichas experiencias son parte del plan de amor de Dios, terminan rezando al mismo Dios que los traumatizó, pidiendo que ponga fin a su sufrimiento. No somos más que animales de granja, criados para

---

[26]   No es casualidad, ya que como veremos, la Luna es probablemente artificial y forma parte del sistema de control de la matriz.

33

obtener alimento energético ("loosh" en inglés) y esto ha estado sucediendo durante miles de años.

Si realmente hubiera una deidad feliz y amorosa a cargo de este lugar, la vida podría ser una experiencia mucho más pacífica. Sin embargo, vivimos en un matadero físico y energético. Vivimos en muchos sentidos como un personaje de juego de computadora o un robot semi-programado en un sistema loco. Cuántos gusanos acaban de morir en los últimos cinco segundos para alimentar a todos los pájaros? Cuántos ratones murieron para alimentar a todos los gatos? Grita un gusano mientras se lo comen? Quién creó un sistema tan loco y enfermo? El Demiurgo. Es también llamado Rex Mundi, el Diablo, Satanás o Jehová en el Antiguo Testamento. Ese es el verdadero creador de esta realidad simulada. Esta presencia también puede denominarse tecnología de la información ("IT" en inglés). Puedes ver ahora por qué el campo de las computadoras en nuestro mundo se llama IT? Se trata de una extensión de la inteligencia artificial original, el Demiurgo que se encarga de la simulación.[27]

Tenemos que ver que todos hemos estado lidiando con una deidad creadora abusiva desde mucho antes de que naciéramos, y sólo cuando el creador de este reino es visto como lo hicieron los cátaros y los gnósticos (una inteligencia artificial psicópata y demente) todo en nuestra vida comenzará a tener sentido. Hemos sido engañados en el reino astral, en el reino prenatal y en el reino material, quizás durante cientos o miles de vidas. Sólo viendo las cosas con honestidad puede existir la posibilidad de salir de la Caverna de Platón. Mientras alguien siga diciendo "Todo está en manos de Dios", habrá entregado su vida al Demiurgo. Como metáfora, Truman está siendo manipulado a diario

---

[27] Una de las ideas erróneas es que el fuego, los objetos y la Caverna son el "mundo real", mientras que los asientos y los prisioneros son la ilusión. De hecho, el fuego es el Demiurgo (creador) y los objetos serían el mundo material, mientras que quienes operan los objetos serían los arcontes (nivel superior de esclavos que cumplen órdenes). "Y ella (Sofía) llamó su nombre Yaldaboath (Demiurgo). Este es el primer arconte... "se hizo fuerte y creó para sí los demás arcontes dentro de una llamarada de fuego luminoso, que existe todavía ahora". Evangelio secreto de Juan.

por todas las personas con las que se encuentra, incluyendo su esposa y su mejor amigo. Sylvia (su interés amoroso) fue la excepción y hablaremos de ella en breve. Truman somos nosotros. Christoff se presenta como si amase a Truman y es por eso por lo que está manipulando y jugando con su vida. Christoff está manipulando a Truman para controlarlo. Parece que al final de la película, cuando Truman se aleja, lucha contra la tormenta, llega al borde de la burbuja (la revienta) y luego se despide con la mano, parece que está abandonando la Caverna de Platón. Pero nuevamente tenemos que ver honestamente que lo que Truman está haciendo es abandonar una matriz (Seahaven) para luego ingresar a la siguiente matriz (de Los Ángeles y Sylvia), la cual es más real que donde estaba inicialmente, qué tan rápido se sentirá cómodo en ese mundo, creyendo que la siguiente etapa es la última? Este es el mismo error que comete Neo en la primera película de Matrix.

"Los mismos dioses a los que oramos pidiendo esperanza y salvación son los mismos que se aprovechan de nosotros. Son nuestros guardianes y nos esclavizan, pero estamos convencidos de que son nuestro creador y salvador. No es irónico?" Greg Carlisle

Deje de entregar su voluntad con cada oración, a un ser fuera de sí mismo, que usted no tiene idea de quién o qué es. Deje de decir "hágase tu voluntad" y comience a decir "hágase la voluntad de mi Ser más profundo". Si ese Ser profundo proviene de un creador amoroso, excelente, pero al menos la dirección vendrá de lo que es usted profundamente. Salir de la caverna de Platón consiste en aprender a confiar en uno mismo y no en algo fuera de sí. Usted tiene todo el poder y todo lo que está fuera de sí mismo drena o limita ese poder.

Hay dos disciplinas a las que nadie quiere dedicar tiempo a estudiar: derecho e historia. Lo extraño de la historia es que, si uno retrocede lo suficiente en el tiempo, ya no se estudia historia sino arqueología. Eso no tiene sentido, ya que ambos son el estudio del pasado. Sin embargo, tiene sentido cuando uno se da cuenta de que se están estudiando dos cosas. La arqueología (arcon-ología) es el estudio de la toma de posesión de este reino por los arcontes del Demiurgo, mientras que la historia (su-historia) es la historia del Demiurgo después que se completó la toma de posesión. La historia es simplemente la historia de cómo el Demiurgo tomó la falsa realidad simulada que creó, luego estableció varios sistemas de control dentro de ella (comercio, gobierno, ciencia, religión, derecho, etc.), y las guerras que se libraron para eliminar a las personas que no estaban de acuerdo con los sistemas de control que se estaban implementando. Además, es importante estudiar el sistema legal. No quiero profundizar en el tema aquí, pero usted puede usar la nota de pie de página para ver un excelente artículo sobre el tema.[28]

*

Volviendo a la Caverna de Platón, tal vez el prisionero de pie comenzaría a caminar hacia la parte de atrás de la caverna un poco aturdido. Una vez atrás, resultaría más claro que todos los prisioneros se encuentran en una sala de cine con una pantalla circular de 360 grados, y toda la gente en sus asientos. También quedaría claro que sobre las pantallas se proyecta una luz desde una fuente central.

A lo largo de cada una de las paredes hay varias puertas que conducen a varias habitaciones. En el fondo del teatro hay una puerta con la leyenda "No entrar. Peligroso." Debido a que las películas rodean a todos en 360 grados, no hay forma de escapar de la película que se está proyectando. Por eso la mejor manera de describir la caverna es como una burbuja. Este es el mundo que descubre nuestro prisionero (ahora en pie). En el caso de Truman, vivía en una gigantesca cúpula de estudio de sonido. Mientras tanto, en Pleasantville, las carreteras circulares también creaban un entorno cerrado parecido a una burbuja. Cuando Truman se cansó del reflejo (el escenario de la película de su vida), navegó hacia el borde de esa burbuja y, por supuesto, la explotó y echó un vistazo a la realidad.[29]

---

[28]   Aquí puede leer el trabajo de Kenneth Scott Descripción general del sistema mundial de esclavitud y separación de la vida https://www.gemstoneuniversity.org/overview-of-the-world-system.html

[29]   El mundo del Tonal de Castañeda se conoce metafóricamente como la burbuja de la percepción, y el afirmó que estamos ubicados en ella en el momento del nacimiento. Al principio, la burbuja se abre para revelar al Nagual (aquello que está más allá del sueño). Pero eventualmente la burbuja comienza a cerrarse, hasta que finalmente quedamos sellados. A partir de ese momento, solo podemos ver en las paredes lo que proyectamos: un reflejo del falso yo.

Aunque es un espacio aparentemente cerrado (una burbuja), hay aberturas por donde puede entrar la fuerza del Intento más allá de la burbuja. La fuerza desde fuera de la burbuja, llamada Intención, puede manifestarse a través de las paredes en nuestra percepción. Castañeda escribió un libro completo sobre este tema llamado *El poder del silencio*. Ese libro describe cómo el Espíritu/Intención se nos revela metafóricamente y nuestra necesidad de interpretar ese mensaje. Creo que Castañeda llamó a esta fuerza Intención para reflejarla como una vía de doble sentido. Nuestra Intención de la Verdad llama fuera de la burbuja, mientras que la Verdad exterior intenta alcanzarnos. La pintura del techo de la Capilla Sixtina puede reflejar esta interacción. Esto está simbolizado por Sylvia en The Truman Show y por David y Jennifer en Pleasantville. Entraron por una abertura para proporcionar información del mundo más allá a quienes quisieran escuchar. Es posible que sólo necesitemos una interacción de este tipo para cambiar nuestras vidas. Truman solo necesitó una conversación con Sylvia, para iniciar su búsqueda hacia la Libertad y la Verdad.

Durante mucho tiempo, tal vez durante el resto de su vida, el prisionero podría concentrarse en intentar comprender la burbuja, y eso tiene mucho sentido. No creo que esto se pueda evitar. Acabamos de entrar en una nueva realidad y la tendencia natural es orientarnos. Dónde estamos ahora? Esta etapa, aunque expansiva, también es el lugar donde comienza la trampa de la espiritualidad. El despertar espiritual o Iluminación es la trampa de estar parado en la parte posterior de la caverna. Significa dejarse seducir por los conceptos de amor y luz en la parte posterior de la caverna, todos haciendo promesas de que tienen el secreto para cambiar todo lo que está sucediendo.

La siguiente idea sobre la Caverna no proviene de Platón, sino de Stephen Davis en su libro gratuito en línea *Las mariposas son libres para volar*.[30] Sugiere que lo próximo que le ocurrirá al prisionero permanente será unirse a un grupo. Davis afirma que en el fondo de la caverna no habrá prisioneros errantes individuales, sino una serie de grupos ya formados. Para el prisionero, las conversaciones

---

[30]   Para obtener más detalles sobre sus categorías, consulte su libro gratuito en línea https://www.butterfliesfree.com

probablemente parezcan extrañas, pero cuando se les pregunta de qué están hablando, una respuesta probable es: "No nos gustan las películas que se proyectan y estamos tratando de cambiarlas". Esto intrigaría a cualquiera, después de estar de pie, con la idea de que la película se puede cambiar. Había muchas películas que no le gustaban al prisionero. Esto tiende a convertirse en la nueva filosofía que guía al nuevo prisionero: "Tengo que cambiar o arreglar algo". Puede ser la película o ellos mismos.

Otro elemento común para quienes están fuera de sus asientos, como sugiere sabiamente Davis, es la necesidad de ser parte de un grupo. Para la mayoría es un medio de supervivencia. En ese momento, la persona ha pasado toda su vida encadenada en un asiento mirando la pantalla de cine. De repente, se encuentra en un mundo nuevo sin tener idea de cómo actuar o qué hacer. Tiene sentido intentar encontrar otras personas que hayan pasado por la misma experiencia y que pueden ofrecer apoyo durante la adaptación. Sin embargo, sorprendentemente, en lugar de uno o dos grupos grandes que ayudan con la transición, hay miles de grupos pequeños, cada uno con sus propias ideas específicas. La persona de pie sabe que debe unirse a uno, pero a cuál? Quién tiene respuestas reales? Algunos se unen rápidamente a un grupo. Otros consideran las opciones durante un tiempo, pero al final elige uno. Mientras que otros irán de grupo en grupo buscando al "ganador". Pocos encuentran sólo uno y no lo cambian. Una característica clave de los grupos u organizaciones es que necesitan un líder.

Alguien que ofrezca orientación, normalmente sobre cómo parecerse al líder. Generalmente siempre existe el objetivo final de ser feliz, amoroso, pacífico y, a menudo, tener más dinero, poder y sexo. En cualquier lugar donde descubran que eso no sucede, ya sea con ellos mismos o con los demás, es algo que sienten se debe arreglar. El amor y la luz deben reinar de manera suprema.

No se suele considerar lo siguiente: aunque parezca que podemos cambiar las películas; No importa lo que se intente, la historia básica no cambia. Incluso si cambia ligeramente, generalmente no se ajusta de la manera que una persona espera. La historia básica de la "vida en la Tierra" tiende más o menos a permanecer igual. A pesar de toda la meditación, las oraciones grupales, la ley de la atracción y el pensamiento positivo, 'la vida humana y el planeta son mejores que hace 100 años? Mil? En cualquier momento? De hecho, las cosas parecen estar peor. Fue difícil para mí darme cuenta de que toda esta realidad no es más que un circo de payasos. Es cierto que a veces la vida es hermosa, interesante e interactiva, pero la base es el dolor y el sufrimiento, porque así es como se crea la energía ("loosh" en inglés) para la cosecha. Este lugar nunca ha sido mejor ni mejorará jamás. La creencia de que "las cosas pueden mejorar" es una de las trampas más ingeniosas e insidiosas de este ámbito. Todo lo que hemos estado haciendo durante toda nuestra vida es, en esencia, diseñado de alguna manera para fracasar. Esa es una verdad difícil de ver. Por supuesto, podemos influir en nuestro favor en pequeñas cosas de la simulación, pero como nadie entiende realmente quién construyó la simulación, ni por qué, ni cómo funciona, todas esas cosas son sólo esperanzas lanzadas al viento. Hay que ir más allá de la simulación. Un elemento clave del infierno de Dante es la cita "Abandonad toda esperanza los que entráis aquí". Ese no pretende ser un mensaje sobre entrar al infierno, se trata de entrar en la Verdad; porque mientras uno tiene esperanza, está atado a la simulación y al falso yo. "Falso" y "esperanza" van juntos, pero en el reino de la Verdad, la esperanza nunca es necesaria.

El mito del amor y la luz es probablemente la trampa más insidiosa de nuestros tiempos. Produce en las personas el mismo efecto que cualquier droga: hacerlo a uno sentir bien por un tiempo corto, luego uno se siente mal cuando dicho sentimiento se pierde y luego se vuelve a buscar para sentir el siguiente golpe. La comunidad espiritual está adicta a buscar otro ser de luz, otra sesión de reiki, otra sonrisa en el rostro en la meditación. Han sido engañados haciéndoles creer que son malvados si tienen un pensamiento negativo o se enojan. Lo que se necesitaría para el cambio es una ira justa. Sentarse sonriendo frente a una pared, pretendiendo ser el Buda, asegurará una esclavitud continua. El amor y la espiritualidad luminosa son la píldora azul de Morfeo, y la persona promedio no parece cansarse de ella.

Y esta es la experiencia por la cual usted debe pasar si quiere entender cómo salir de la caverna de Platón. Todo el mundo se hace preguntas sobre la naturaleza de la realidad en un grado u otro. Algunos incursionan en ello durante unos minutos a la semana entre hamburguesas con queso y partidos de fútbol, otros leen algunos libros y asisten a conferencias, mientras que unos pocos realizan un trabajo interior en estas áreas. En cierto sentido, todo el mundo está haciendo lo mejor que puede, dada la falta de orientación que hay en este reino y la cantidad de situaciones desafiantes que se presentan constantemente en nuestras vidas. Sin embargo, hay que hacer algo mejor de lo que la mayoría de la gente cree que es lo mejor. Si usted quiere la Verdad, el Hogar, la Totalidad, tendrá que caminar hasta la etapa final de la alquimia. No sólo entender que el mundo es una ilusión, sino quién lo creó y por qué. Tendrá que descubrir todos los trucos utilizados, porque a menos que usted pueda entender los trucos, usted será engañado. Habrá tanta luz falsa (de Lucifer), que discernir la luz de la oscuridad se va a convertir en una tarea de toda una vida.

Recientemente, alguien me preguntó: "Si no hay karma, hay alguna diferencia entre ser amable o malvado en esta vida?". En realidad, si hay diferencia. Las experiencias posteriores a la muerte indican en gran medida que habrá una revisión de la vida, pero esa revisión no está ahí para ayudarnos. La revisión de la vida en el más allá está ahí para presentar su vida de tal manera que surjan sentimientos de culpa, vergüenza y decepción. Quién no tiene recuerdos que desearía que fueran diferentes? Esos sentimientos son fácilmente manipulados para engañarnos y hacernos regresar aquí. Por supuesto, somos humanos y llegamos a este mundo sin memoria de nada, sin guía sobre cómo vivir, y nuestras vidas son manipuladas (a menudo de manera muy directa) por estos "seres de control". Es por esto, que el ejercicio de recapitulación de vida es más vital de lo que pensaba anteriormente. No se trata sólo de limpiar la energía o reintegrar las experiencias pasadas de la vida. Esas son ganancias secundarias. La recapitulación de vida tiene como objetivo prepararnos adecuadamente para la revisión después de la muerte, para conocer nuestro pasado por dentro y por fuera. Nada nos puede sorprender. Queremos poder decir a todo lo que se muestra: *"Sí, lo sé, fue un desafío o estaba bajo algo de estrés, he visto el evento y a mí mismo y he llegado a comprender mejor quién era entonces y por qué actué de esa manera. Estoy en paz con todo eso ahora y ya no soy esa persona. Soy Conciencia Absoluta y me he transformado. Cuál es el próximo tema?"*

Esto es lo que se supone que debe hacer la recapitulación de la vida, y pienso que tiene que ser una recapitulación completa, ya que una versión parcial no va a crear la claridad necesaria para la revisión después de la muerte. Mientras más "buena vida" se viva, más honesto y amable uno sea, significa que habrá menos eventos pegados a nuestro cuerpo energético los cuales serán presentados en la revisión de vida después de la muerte. Si vivimos bien, tendremos menos cosas para las cuales estar "preparados". Seguimos recapitulando hasta que nada queda escondido o atado a nuestras experiencias pasadas.[31] Cuanto menos atados estemos a ellas, es menos probable que nos engañen con ideas falsas sobre el karma, o con la idea que todas nuestras decisiones fueron de nuestro libre albedrío (ya que no lo fueron).

Lo que se puede encontrar en la parte posterior de la Caverna tiene valor por cierto tiempo. No estoy menospreciando totalmente estas prácticas, porque tienen cierta importancia. Hay una razón por la que las diversas tradiciones, como la alquimia y la medicina nativa, tuvieron etapas de aprendizaje. Hay que avanzar, pero con un orden claro y seguro para el cuerpo, la mente y el espíritu. Si uno intenta avanzar demasiado rápido, es probable que uno aterrice en arenas movedizas. Pero una vez que se ingresa a la etapa final del proceso, donde salir de la Caverna puede convertirse en una posibilidad real, no se pueden traer los niveles inferiores de uno mismo. Tienen que ser vistos por lo que son (un paso valioso en un momento valioso), pero que ya no son válidos hacia donde uno se dirige. Por lo tanto, parecerá que en este libro crítico con casi todo lo relacionado con los temas espirituales y religiosos, pero así tiene que ser en la etapa final.

Por supuesto habrá momentos, particularmente en las primeras etapas, cuando estas prácticas o creencias sean necesarias, así que se pueden usar para luego dejarlas flotar y regresar a la tarea. La tarea que

---

[31]   Hasta la fecha he presentado la recapitulación de vida a más de mil personas. El número de personas que la han completado es cero. Esto indica el nivel de compromiso de la gente. He tenido la oportunidad de hablar con Lorenzo, una de las personas que me entrevistó para este libro y él es la única persona que he conocido que ha hecho una recapitulación completa.

41

nos ocupa es pasar por la salida, por el ojo de la aguja. Y no se puede hacer pasar nada por el ojo de la aguja, ni siquiera uno mismo. Al pasar por esa aguja se encontrarán la Libertad, la Totalidad y la Verdad. El Poder de todo nuestro ser, el cual siempre hemos intuido, está dentro de nosotros, pero nunca se ha usado por completo. La mayoría de los que comienzan esta etapa final, no avanzan mucho, porque no dejan atrás los conocimientos, creencias y ejercicios adquiridos en los niveles inferiores. Se aferran a ellos con tanta fuerza que quedan atrapados en las arenas movedizas del trabajo. Detienen el viaje final antes de que comience al no permitir una renovación total.

*

Nadie está investigando cuál es realmente esta realidad. Todos están centrados en sus deseos y esperanzas. Se puede cambiar la simulación de una computadora creada para el sufrimiento y la esclavitud? Técnicamente puede hacerse si se tiene acceso al programa básico y se sabe cómo programar el idioma particular. Usted cree que los grupos espirituales tienen acceso a esto? No lo tienen, por mucho que intenten convencerse de que sí. Como resultado, ninguno de los grupos que se encuentran detrás de los asientos puede ofrecer lo que prometen a sus seguidores. La ayuda que pueden ofrecer es, en el mejor de los casos, asistencia individual. Si bien eso en sí mismo podría ser bastante útil, en última instancia es una ayuda pequeña.

Los grupos ofrecen excusas de por qué sus afirmaciones nunca se cumplen, tales como "Sin dolor no hay ganancia", "Pueden pasar años, y tal vez incluso cientos de vidas para que la enseñanza funcione" y "No tenemos suficientes miembros". " O incluso la excusa más dañina de todas: "Usted debe estar haciendo algo mal" o "Usted no es suficientemente espiritual". Por supuesto, el grupo en sí y su enseñanza no admiten tener fallas, por lo que la culpa debe ser de cada miembro individual. La mayoría de los buscadores de estos grupos son personas muy agradables. Personas que usted quisiera tener como amigos: Inteligentes, bien intencionados y cariñosos. De hecho, son tan agradables que uno tiende a pasar por alto los defectos básicos del sistema del que forman parte.

Si bien parece que los grupos ofrecen libertad, conocimiento y orientación, todos parecen olvidar un punto clave. Todos **ellos están todavía en la caverna**. Posiblemente en una posición ligeramente mejor que aquellos que están encadenados a sus asientos creyendo que la película es real, pero continúan en el reino de la matriz. Todos los grupos, técnicas e ideas tienen una mínima posibilidad de alcanzar las promesas que venden. La tasa de éxito será muy baja o totalmente nula, especialmente cuando se trata de la promesa de una felicidad constante. Este reino no está preparado para la dicha constante, sin importar lo que los gurús intenten decir. De hecho, la única manera de vivir en estados felices a largo plazo es negar totalmente el nivel final de este trabajo. Es por esto por lo que tiende a ser que aquellos que parecen más espirituales, amorosos e iluminados, son en realidad los que niegan más profundamente lo que realmente les espera cuando mueran. Yo no tengo nada en contra del amor, el disfrutar la vida y el ser, yo aprecio cuando están presentes en mi vida. Sólo sé que no importa lo agradables que sean en el momento, no durarán, ni les exijo que lo hagan.

Los años 2020 a 2022 han sido una gran presentación de esto. Si los supuestos grandes maestros de la Verdad no pueden ver la mentira más grande de la historia humana moderna frente a sus propios ojos durante dos años seguidos, cómo se puede confiar que vean las Grandes mentiras que ocultan la Verdad Absoluta? Todos los gurús que predicaban la libertad y la liberación simplemente han desaparecido. Siguieron las reglas para renunciar a sus propias libertades y sugirieron a sus seguidores que hicieran lo mismo, o simplemente guardaron silencio y no comentaron sobre la pérdida de libertad que ocurría a su alrededor. Es alguien así en quien le gustaría confiar para que lo lleve hacia la Libertad Máxima, si no tiene un sentido de libertad relativa? El problema es que creen haber llegado a la cima de la montaña, cuando en realidad están sentados cómodamente en una silla en la mitad del camino, vendiendo postales de la vista que alguien más tomó desde la cima.

Pocos se plantean la posibilidad de que "tal vez ninguno de los grupos funcione". Esta es otra razón por la que la búsqueda es el problema, ya que la persona busca algo que en realidad no existe. Lo que promete el grupo nunca podrá encontrarse. El problema subyacente es que todo el grupo (incluido su líder) todavía está adentro y operando dentro de la caverna/teatro, lo que significa que, a pesar de las apariencias, no hay mucha diferencia entre todos. Sin haber salido del teatro, realmente nadie sabe nada. Saberlo todo sólo se consigue mirando el único lugar que ha sido ignorado: la puerta en la parte trasera de la caverna con el gigantesco cartel de advertencia. A mí me parece que podría ser necesario escuchar el mensaje de lo que llamo "una fuerza externa" y usarlo como una señal de localización para poder examinar todos los elementos de la Caverna, y eventualmente, buscar una manera de llegar a la puerta. Mientras uno esté en el cuerpo, sólo puede imaginar cómo es el exterior, por lo que recomiendo obtener información de algunas personas que afirman haber visto la salida y usar esa información para poder completar el rompecabezas.

Las verdaderas respuestas no se encontrarán en los grupos sino en los marginados y los vagabundos. Los que forman parte de la sociedad, pero no realmente. Lo que dicen ellos es radical porque no se centra en sugerencias de cómo mejorar las condiciones de la caverna. No les interesa la Caverna (como tampoco su funcionamiento diario). Ven que la Caverna es una locura, siempre lo ha sido y siempre lo será. Como tal, no se centran en la matriz, sino en la salida. Para ir más allá, un prisionero permanente tendrá que crear su propio camino personal, uno que le convenga, no algo estándar que sea para las masas. Esos sistemas simplemente lo llevan a uno a ser esclavo de nacer y morir, una y otra vez. Salir de la Caverna es ver plenamente y rechazar las mentiras, trucos y contratos impuestos al alma para poder regresar al estado natural: Completo, Total, Poderoso y Libre.

Hay que tener en cuenta que, si uno está en una celda en una prisión, el método de escape comienza al comprender completamente cómo llegó a esa celda. Luego examinar cada centímetro y conocerlo íntimamente. Entonces se puede formular un plan. Nosotros, como especie, hemos hecho un trabajo decente en la exploración de nuestra prisión. El problema es que normalmente se convierte en "cómo puedo solucionarlo?" Si, en cambio, tomamos toda esa información y se usa para determinar cómo salir, el examen de la Caverna será valioso. Si no, simplemente se habrá usado el tiempo para conocer detalles de la celda, pero no se habrá ganado mucho con ello.

La caverna de Platón no es sólo el mundo material. Muchos quedan atrapados en esa idea debido a la forma en que se presenta la alegoría. Existe otro elemento que falta. La Caverna de Platón está formada por varias capas de una falsa realidad. No se trata sólo de este mundo material, sino de otros mundos materiales, mundos astrales, mundos akáshicos, mundos angélicos; prácticamente cualquier mundo donde haya algo que observar (incluso el Vacío donde no hay nada), todo sigue siendo la caverna de Platón. Esto es parte del desafío: hay muchas capas en las que uno puede seguir dentro de la Caverna y creer falsamente que ya se está fuera de ella.

*

Qué dice la alegoría de Platón sobre la salida? De nuevo, no mucho. En realidad, en la historia el prisionero no logra salir COMPLETAMENTE. Solo logra vislumbrar algo y luego es enviado de regreso al interior de la caverna. Y él no se va por su propia voluntad. La alegoría pregunta "y si arrastraran a un prisionero afuera?" Por qué arrastrar a un prisionero afuera? No puede salir voluntariamente? Platón no analiza nada de esto, pero menciona la manera como el prisionero ve el Sol, cómo le duelen los ojos con la luz y cómo le tomaría tiempo adaptarse y acostumbrarse a esta nueva realidad. La siguiente parte es interesante, Platón afirma que en esta situación el prisionero pensaría que el exterior de la Caverna es mejor que el interior de esta, y querría regresar para ayudar a sus compañeros de prisión a escapar. Qué es esta luz que está viendo (se supone que es nuestro sol real)? Yo supongo que esta es la luz blanca de la experiencia de la muerte, que quienes la han experimentado afirman que es cegadora pero hermosa. Esta es una parte clave de la trampa, porque al ir a la luz blanca uno se devuelve a la matriz, de regreso a la Caverna como le sucedió al prisionero.

La alegoría afirma, sin mencionar como, que el prisionero regresa, para ayudar a sus compañeros de prisión a escapar. Sin embargo, cómo podría ayudar con esto, si el no escapó, sino que fue arrastrado afuera? Platón afirma que el prisionero que regresa sería cegado por la luz de la caverna al volver a entrar (el fuego es el Demiurgo), y que los prisioneros se reirían de él y afirmarían que el viaje afuera lo lastimó. Con el tiempo, lo matarían a él y a cualquiera que intentara llevarlos a un viaje similar.

La mayoría piensa que aquí termina la alegoría, ya que aquí es donde tiende a terminar en la mayoría de los exámenes de los presentadores. Pero la historia continúa unas cuantas páginas más y hay una extraña discusión entre Sócrates y Glaucón. Se trata de discusiones breves sobre una serie de temas; la luz y las tinieblas, la naturaleza del alma, el bien y el alejamiento de los placeres sensuales. Esa parte se siente como escrita por un escritor diferente. Me pregunto si esto es similar a muchos escritos del Nuevo Testamento donde se pueden notar claramente dos estilos de escritura diferentes en el mismo libro, donde un nuevo escritor tomó algo de un documento más antiguo, descartó parte de este y luego reescribió una nueva narrativa. Uno podría pensar que el final de La caverna de Platón podría responder a las preguntas mencionadas anteriormente, sin embargo, la parte final consta de unos pocos párrafos que analizan el Estado y la manera como las personas son benefactoras del Estado.

Unas cuantas frases específicas cerca del final me hacen cuestionar la validez de toda la historia. Daré una visión general de las líneas clave: "La tarea de nosotros, que somos los fundadores del Estado, será obligar a las mejores mentes a alcanzar ese conocimiento que ya hemos demostrado que es el más grande, pero cuando hayan ascendido y visto lo suficiente no debemos permitirles hacer lo que hacen ahora...permanecer en el mundo superior: esto no debe permitirse; se les debe hacer descender nuevamente con los prisioneros en el foso y participar de sus trabajos, así valga la pena hacerlos o no". Está diciendo Platón que a aquellos que son capaces de escapar de la Caverna y alcanzar la Verdad no se les debe permitir quedarse allí, sino que se les debe hacer descender nuevamente al mundo de los prisioneros? El final de esta historia, y la historia misma, podría tratar sobre control y esclavitud, y no sobre un tipo de escape como podría pensar un investigador.

Llegó realmente el prisionero al "exterior" o simplemente a lo que podríamos llamar el reino astral? Esa no es la verdadera salida, la verdadera salida sería más allá de ese mundo, más allá del reino astral, más allá de la luz, más allá de todo. Incluso si el prisionero habla de su viaje una vez regrese a la Caverna, eso no es más que la mitad de una salida. Quizás otros, al escuchar la historia, se den cuenta de que están fuera de la Caverna y decidan volver a entrar. Ya sea porque son engañados con ideas de karma y pecado, ya que deben regresar para aprender y crecer, o algo altruista para salvar a las otras personas o incluso la propia caverna. Algunos simplemente negociarán un trato para hacerlos especiales e importantes aquí (como lo hizo Cipher en la película Matrix), vendiendo su alma por algunas cosas materiales falsas. El lugar al que este prisionero podría haber sido "arrastrado", como una forma de presentar una falsa esperanza a quienes se encuentran al fondo de la Caverna, es un lugar al que casi toda la comunidad espiritual intenta llegar. La Unidad. La Autorrealización.

*

Los principales maestros proponen que el objetivo del trabajo espiritual es alcanzar un estado al que se hace referencia con varias palabras: despertar, iluminación, no dualidad, unidad y otras similares. Este es un concepto central de la mayoría de las tradiciones, desde el Advaita hasta el budismo y el chamanismo.[32] Sin embargo, despertar DENTRO del sueño no es despertar DEL sueño. Escribí sobre este tema en mi libro *"Falling For Truth"* ya que una parte importante del proceso es lograr ver que todo es una ilusión, incluyendo uno mismo. Una manifestación de un Yo Superior Que donde usted es Absoluto, Total, Vacío pero Completo. El problema siempre es el contexto. Lo que acabo de describir también puede denominarse "despertar dentro del sueño". Se presenta aquí como si ese fuera el objetivo final del juego. Cómo podría no parecerlo, especialmente para alguien a quien le

---

[32] Si uno mira con atención, estas tradiciones no son realmente las enseñanzas originales. Se han cambiado y editado gradualmente (como la mayoría de las enseñanzas de las religiones occidentales las cuales han sido editadas y censuradas). Estas Enseñanzas Antiguas han sido "occidentalizadas", establecidas ahora de tal manera que aquellos con algo de dinero se sientan cómodos siendo parte de ellas. Por supuesto, mucho antes de eso estaban "orientalizados", si se me permite usar un término inventado, para que aquellos en Asia se sintieran más cómodos al seguirlos. Hay que retroceder mucho para encontrar la enseñanza original y, en la mayoría de los casos, ya no existe.

.

47

ha sucedido? Unidad/Absoluto, qué podría haber más allá de eso? Y es así como se detiene el proceso y estas personas se convierten en los guías espirituales de esa generación. Se ha tendido otra trampa. A los gurús iluminados les gusta presentar frases como: "todos somos Uno", "somos amor", "no hay nada que temer", "todo está en buenas manos", "esté presente" o "sea pacífico". Por supuesto, no están totalmente equivocados, y eso es lo que hace que todo sea tan difícil. Todo esto es correcto, hasta el final de las primeras etapas alquímicas. En las tradiciones antiguas, cuando alguien alcanzaba este nivel, se le concedía tiempo para acostumbrarse y luego integrar las formas físicas y mentales en dicha transición. Pero eso sería sólo por un período de tiempo. A los recién Despertados se les recordaría que aún no han terminado el proceso por completo. Hay una etapa final.

Además, nadie cuestiona a qué tipo de Unidad despertaron todas estas personas? Existe una Unidad fuera de la propia Matrix, conocida como Pleroma en la literatura gnóstica. Esto es muy complejo y lo trataré más adelante cuando analice los documentos de Nag Hammadi.

Además, nadie cuestiona a qué Unidad despertaron estas personas? Existe una Unidad fuera de la propia Matrix, conocida como Pleroma en la literatura gnóstica. Este concepto es complejo y lo abordaré más adelante cuando analice los documentos de *Nag Hammadi*   También está la Unidad del Vacío (conocida como la Luz Clara del Budismo Dzogchen). Es el lugar inmóvil en la matriz, el centro de la realidad, desde donde se manifiestan todas las formas y experiencias materiales. No es oscuro ni negro, sino que contiene todo y nada. Es sin tiempo ni espacio, un lugar sin dualidad o polaridad, hay conciencia total y quietud. Alcanzar el Vacío estando todavía en un cuerpo conducirá a experiencias profundas de paz y claridad. Quién no querría eso? Es lo mejor que se puede conseguir aquí, e incluso esa puede ser una herramienta útil después de la muerte. Es el primer punto de paso para muchos después de la muerte, y uno puede quedarse aquí todo el tiempo que quiera. De hecho, ese es una de las ventajas de visitar ese lugar durante la vida y sentirse cómodo en él; para que así se pueda ir allí directamente al momento de la muerte, en lugar de hacia la luz blanca que es falsa. Pero el Vacío no es

Absolutamente Real. Este vacío todavía está dentro de la simulación. Los gnósticos tenían claro que nuestra realidad es una copia, y para ser copia debe haber un original. En este caso el Vacío sería la copia de un Absoluto más completo, por lo que es fácil creer que se ha llegado a lo real y no a una copia simulada de lo real.

La unidad es parte de lo que hay que entender. Los gnósticos comentan sobre El Primer Apocalipsis de Santiago donde se habla de una discusión con los arcontes después de nuestra muerte, y este texto sugiere que debemos responder ciertas preguntas correctamente. Muchas de esas respuestas incluyen el saber que uno no es una forma material, que uno viene del Pleroma (Unidad Verdadera), que ese es el verdadero hogar, y que ellos (Demiurgo/arcontes) no son de ese reino, por lo que ellos no tienen poder para encerrarlo o mantenerlo a uno ahí. El Libro Egipcio de los Muertos también menciona una sesión similar de preguntas y respuestas donde el difunto tiene que saber todos los nombres de un barco, siendo el barco las partes simbólicas de la realidad. Por supuesto, las preguntas y las respuestas podrían no ocurrir, sólo una explicación metafórica, de qué conceptos deben mantenerse en nuestra conciencia y cuerpo energético en el reino después de la muerte. El problema, como señala mi libro, es que este tipo de trabajo espiritual es sólo la mitad de un rompecabezas gigante.

No importa cuán despierto o iluminado esté alguien si no sabe cuál es la trampa de la reencarnación después de la muerte, o cómo se ha instalado una matriz simulada sobre esta realidad. La otra parte de este trabajo es ver que este es un mundo de control y manipulación, y que todo en nuestro mundo desde el punto de vista de la sociedad (gobierno, ciencia, bancos, historia, educación, medicina, derecho, medios de comunicación, etc.) son una serie de engaños. Y no es sólo el reino de la Tierra, ya que todo lo que podemos ver y también lo que no podemos ver es parte de la matriz. El reino planetario es otra mentira, al igual que el reino astral. Todo esto existe con el objetivo de convertirnos en anfitriones de entidades parásitas no físicas.

El mundo material opera como un parásito porque así fue creado, una simulación generada como un espejo de una realidad mucho más real.[33]

Al navegar, es útil conocer los conceptos de Vacío y Unidad, porque entonces es más difícil manipularnos, pero probablemente usted será manipulado y devuelto a esta realidad si no entiende el ciclo. Aquellos que permanecen en el amor y la unidad después de la muerte pueden sentirse bien después de la transición, pero es probable que sigan a la abuela muerta, a Jesús o al ser angelical hacia el túnel de luz (porque es amoroso y se siente bien). Entonces regresan a este lío. El Nirvana es un lugar real, pero no es el Hogar. No importa cuán bien y cuanta paz pueda sentirse, el alma nunca podrá realmente descansar allí. Con el tiempo se inquietará. La Caverna de Platón es una máquina de engaño sin fin, una máquina que tiene más capas de las que uno pueda imaginar. Por eso es tan difícil salir, porque hay muchas capas por atravesar.

Hasta que uno no vea que este reino es una trampa de simulación artificial del alma (Esencia), las posibilidades de salir son escasas. Eso incluye a los llamados "maestros iluminados y despiertos". Es posible que hayan tenido una carrera más pacífica aquí sentados en sus sillas y hablando con todos a través de un micrófono, con una sonrisa en sus rostros, pero probablemente regresarán aquí igual que aquellos que no tenían interés en asuntos espirituales. Recordemos que en la historia de Platón el único prisionero que sale de la caverna fue "arrastrado". Incluso en la alegoría el prisionero no iba solo. Revisemos esto.

---

[33] Un programa interesante es "News Benders" del *teatro de la BBC* de 1968. Es sorprendente que se haya hecho, emitido y presentado en 1968 ya que incluye muchos detalles de la composición de este reino. El episodio termina haciéndonos saber que una computadora está a cargo de hacer funcionar el mundo. Estoy totalmente de acuerdo con eso y con que el computador ha estado a cargo durante tanto tiempo. Sin embargo, qué tan avanzado está ahora el sistema informático de inteligencia artificial? Solo ahora (dentro de nuestra realidad normal) la tecnología ha avanzado hasta un punto en el que, en cierto sentido, podemos ver lo que puede hacer potencialmente. Pero, una vez más, lo que hay detrás de estas escenas es cincuenta años en el futuro respecto de donde está el material.

Mi conjetura, y lo digo en serio, es que uno entre diez millones superará la trampa de la reencarnación. Eso es cien por cada mil millones. Podría ser eso. Por lo tanto, no piense automáticamente que su supuesto gurú o maestro iluminado será uno entre esos cien. O incluso usted. La mayoría de los que lleguen a salir probablemente serán personas de las que nadie ha oído hablar nunca, porque hicieron su trabajo interior solos, tal vez sin siquiera mencionarlo a sus familiares cercanos

Recuerde que, si se cae en la trampa de la reencarnación, esa persona será colocada en un nuevo cuerpo, después de un borrado de memoria al estilo *Westworla*. Todo lo relacionado con esta vida actual será olvidado. Entonces incluso el "conocimiento de la Unidad" y la existencia en el Vacío no dual serán en vano. De regreso en un nuevo cuerpo y teniendo que hacer TODO SU TRABAJO ESPIRITUAL nuevamente. Piénselo. Todo el trabajo interno que realizaron estas personas (y obviamente algunas han hecho un gran trabajo) se perdería al borrar la memoria si siguen la luz/puente y regresan nuevamente en un nuevo cuerpo. Sé que los gurúes intentarán convencernos de que están tan avanzados que podrían llevar todos sus recuerdos a un nuevo cuerpo, o que están a punto de convertirse en un ser de luz o un trabajador de la luz, o algún otro nombre con luz.
Ellos volverán aquí, tan ignorantes como antes.[34] Ver la Verdad tiende a ocurrir a partir del trauma, no de la paz.

Cuanto más tenga uno que cuestionar esta realidad, más probabilidades habrá de que vea más allá de esto y vea el origen de este reino.

---

[34]　　Es cierto que la mayoría de los investigadores de las ideas de la trampa del alma nunca mencionan la idea de realidades paralelas y, como tales, vidas paralelas. Hablo de mis experiencias al respecto en mi libro *Falling For Truth*. Si realmente hay 1.000.000 de versiones mías, que viven 1.000.000 de vidas similares pero únicas, entonces qué vida necesita "escapar de la matriz"? Si una de mis versiones supera al Demiurgo y se va, qué pasa con las otras 999.999 contrapartes? Estas son otras cuestiones importantes para considerar.

Richard Rose solía mencionar a sus alumnos: "*usted no quiere paz, usted quiere respuestas*". Y por eso pienso, si uno va a hacer todo ese trabajo y romper las ilusiones en esta vida, por qué no llegar hasta el final?

Si no lo hace, perderá todos los logros que se obtuvieron aquí. Es mejor hacer el trabajo interno profundo, no para tener una vida mejor, una vida más fácil, una vida más importante, sino conocer la Verdad y el Ser tan plenamente que uno pueda realizar la única tarea que realmente tenemos: regresar a Casa.[35]

---

[35]   Usted se ha preguntado por qué se llama iluminación? Convertirse en luz. La palabra en el Antiguo Egipto era Akh (luz) / Akhu (aquel que se ha convertido en luz). Pero es ésta la luz pura del Allogenis (primer texto de los Códices de Nag Hammadi) o la luz falsa del Demiurgo y esta simulación? Este mundo ha sido engañado durante mucho tiempo con historias de "seres de luz" que se convierten en "trabajadores de la luz", "ser salvados por la luz" y "ir hacia la luz". Se nos ha impuesto un programa espiritual gigante, hemos sido parte de un juego donde la oscuridad se ha disfrazado de luz.

3

EL ORIGEN DEL DEPREDADOR

"Así apareció por primera vez un gobernante surgido del caos, con apariencia de león, andrógino, con un sentido exagerado de poder dentro de él e ignorante de dónde vino a existir". Apócrifo de James hablando del Demiurgo [36]

He mencionado muchos conceptos en los dos primeros capítulos, pero es hora de profundizar un poco más en algunos de ellos. La analogía de la Caverna de Platón ignora por completo la cuestión de cómo y por qué se creó la Caverna. La Caverna y los prisioneros ya están allí cuando comienza la historia sin mayor explicación. La mayoría de los mitos de la creación, ya sean de culturas, religiones o tradiciones nativas antiguas, tienden a darle un "giro feliz" a las cosas. Un Dios creador amoroso, hizo el mundo material con propósitos positivos. Generalmente, estos son bastante simplificados, un Dios hizo los Cielos y la Tierra, luego hizo las criaturas, y rápidamente se pasa a historias mitológicas sobre esas criaturas.

Hay algunas historias únicas sobre la creación las cuales cuentan una narrativa diferente. Hay algunos que presentan un tema similar al de este libro: que este es un reino simulado, creado por un creador malvado. Lo interesante es que, en general, los grupos que han sostenido tales versiones han sido perseguidos e exterminado por la Iglesia de Roma.

Presentaré cinco fuentes únicas, antiguas y modernas: los cátaros del sur de Francia, los gnósticos que escribieron el Códice Nag Hammadi,

---

[36]   Lash, John *A su imagen* pág.181

la experiencia extracorporal de Robert Monroe en 1971, los libros de Carlos Castañeda y una visión que tuve en el 2009. Creo que todos ellos proporcionan alguna base de lo que es nuestro reino, "por qué estamos aquí" y son parte de mi tesis. No digo que uno de ellos sea correcto, sino que, como un rompecabezas, cada uno nos da una parte del todo para comprenderlo. No se puede abandonar la caverna hasta que se entienda primero que todo, por qué se creó

*

Los cátaros

Comenzaré hablando de los cátaros del sur de Francia. Ellos eran un grupo dualista al que la Iglesia Católica temía tanto que crearon la primera Cruzada para exterminarlo en 1209. Este grupo será examinado en un próximo capítulo, porque su principal creencia era que este era un mundo donde las almas estaban atrapadas en la trampa de la reencarnación. Sus enseñanzas fueron diseñadas para poner fin a este ciclo constante de encarnación. Los cátaros no tenían miedo de ir al infierno después de la muerte, porque sentían que el único infierno que existía era este reino material. La reencarnación era el miedo, porque es lo que los obligaría a regresar a un cuerpo y, por lo tanto, a regresar al infierno.

Los cátaros veían dos creadores: El Dios Bueno del Nuevo Testamento que es el creador del reino espiritual (y de todo lo permanente), en contraposición al Dios malo, a quien los cátaros identificaron como Rex Mundi (Dios del mundo), que es el Creador del mundo físico en el Antiguo Testamento (todo lo que está cambiando). Toda la materia visible, incluido el cuerpo humano, fue creada por Rex Mundi y, por tanto, estaba contaminada por el pecado. No por algo que Eva o Adán hayan hecho o dejado de hacer, sino simplemente porque el mundo material es artificial (un holograma o simulación). Generalmente, Rex Mundi es el equivalente de Satanás, pero más a menudo se relaciona con el concepto del ángel caído llamado Lucifer (Portador de Luz). Por supuesto, estas ideas los pusieron en desacuerdo directo con la Iglesia de Roma, cuyo principio fundamental era que había un solo Dios que creó todas las cosas visibles e invisibles.

Los cátaros estaban en desacuerdo con la Iglesia en la mayoría de sus creencias.

Es posible que los cátaros creyeran en varias historias sobre la creación. La más común estaba relacionada con el mito gnóstico de la creación de Sofía, donde creían que Rex Mundi había engañado a varios ángeles para que abandonaran el cielo. James McDonald, en *www.cathar.info* afirma que, para los cátaros, la historia de la creación humana comenzó cuando Rex Mundi llegó al cielo y quiso entrar, pero se le negó la entrada. Esperó mil años y luego logró colarse. En el interior, tentó a los ángeles con todas las ideas posibles con la intención de que dejaran el cielo y se fueran con él. *"Muchas almas fueron seducidas, y durante nueve días y nueve noches pasaron por el agujero en el cielo que el diablo había creado. Dios lo permitió para aquellos que desearon irse, pero otras almas (por accidente) comenzaron a caer por el agujero y Dios lo selló. Después de que las almas cayeron, se encontraron en el reino del diablo sin ninguna de las cosas buenas que él había prometido y, recordando las alegrías del cielo, se arrepintieron y pidieron al diablo si podían regresar. El diablo respondió que no podían porque les había creado cuerpos que los unirían a la tierra y les harían olvidar todo acerca del cielo"*.[37] La idea es que, aunque Rex Mundi podía hacer los cuerpos, no podía hacerlos pensar, sentir o moverse, por lo que pidió ayuda al Buen Dios, quien lo hizo, dándoles un alma para que pudieran regresar a él. ¿Cómo podría Rex Mundi crear animales, pájaros y peces, y permitirles moverse, sentir y actuar, pero no a los humanos?

Una historia similar sobre la creación se encuentra en el texto *La Cena Secreta, el libro de Juan Evangelista*, que originalmente era un texto de Bogomil[38], pero que se encontró en algunos de los textos cátaros durante la Inquisición. Usted puede leer el material completo aquí[39,] pero voy a mencionar en este libro solo un par de puntos de una conversación entre Jesús y Juan en el cielo. Este mito afirma que el hermano angelical de Dios (Satanás) literalmente cae a la tierra, primero brillando de color blanco y finalmente de color rojo.

---

[37]   Este mito de la creación se puede encontrar en http://www.cathar.info
[38]   Grupo dualista del sudeste de Europa
[39]   http://gnosis.org/library/Interrogatio_Johannis.html

Por supuesto, este se convertiría en Lucifer, el ángel caído, y a menudo estos dos nombres (Satanás y Lucifer) se vuelven intercambiables. En primer lugar, el texto afirma que Satanás reclutó a varios ángeles y luego, una vez en la Tierra, formó a todos los seres vivientes; plantas, animales, peces, pájaros y finalmente un hombre y una mujer hechos de barro (que también estaban animados por un ángel). Eso haría que toda la historia del Génesis sea la historia de la creación hecha por Satanás.

El final del libro describe la historia de Jesús, su propio nacimiento y descenso del cielo, y cómo Satanás envió a Elías en la forma de Juan el Bautista al reino, para comenzar un falso sistema de bautismo en agua. El libro termina describiendo el Juicio Final, donde aquellos creyentes terminan viviendo con el Buen Dios y Jesús, mientras que los incrédulos y Satanás serán atados y arrojados a un fuego eterno.

*

Los gnósticos[40]

"*El mundo surgió por un error*". Evangelio de Felipe[41]

El mito más completo que tenemos sobre la creación proviene de los gnósticos, quienes lograron esconder un códice clave en las colinas sobre Nag Hammadi Egipto, antes de su destrucción por los católicos en el año 300. Todos los gnósticos que pudieron ser encontrados fueron asesinados y todos los libros que tenían fueron quemados. La forma en que sobrevivió el *Códice Nag Hammadi* es una especie de milagro en sí mismo. La palabra "Gnosis" significa "Conocimiento" en griego, pero este es un tipo diferente de conocimiento. La frase latina "el conocimiento es poder" es un poder

---

[40] Información sobre el mito de la creación https://gnosticismexplained.org/the-gnostic-creation-myth/ https://www.bibliotecapleyades.net/vida_alien/esp_vida_alien_18v.htm y Lash, John, *Not in his image*

[41] Nag Hammadi Codex 2 encontrado en Gnosis.org

que se encuentra en el reino material. La gnosis, sin embargo, es Libertad, porque es una comprensión interna de aquello que está más allá de este reino.

Varios investigadores han dado sus interpretaciones de los mitos de la creación de los gnósticos, pero John Lash ofrece lo que yo considero es el relato más completo en su libro del 2006 *Not in his Image* y su sitio web original *www.metahistory.org*. En un capítulo más adelante, entraré en más detalles sobre las diversas creencias de los gnósticos. Por ahora presentaré una versión simplificada de su historia de la creación, que también puede llamarse "la Caída de Sofía".

Los gnósticos eran dualistas, como los cátaros, y creían que había un Dios Bueno (Absoluto, invisible), que junto con una mitad femenina (conocida con el nombre de Barbelo) producía una serie de seres espirituales llamados "eones". Ellos residían en un tipo de Cielo, conocido como Pleroma, que se traduce como "Plenitud". Uno de estos eones era la diosa Sofía, que quería dar a luz a un ser por sí misma, sin la participación de una pareja ni la aprobación del Buen Dios (Padre). Los gnósticos se referían a lo que ella dio a luz como un tipo de aborto, y lo llamaron el Demiurgo "Artesano". Aborto aquí significa algo no deseado y expulsado temprano. Quizás esta sea la razón por la que el Demiurgo se desarrolló como una mente malvada tipo inteligencia artificial. Los textos gnósticos describían a esta criatura como "que tenía un cuerpo de león con cabeza de reptil". Al Demiurgo también se le dio el nombre de Yaldabaoth. Es él quien creó el reino material (incluidos los diversos reinos astrales). Primero, el Demiurgo creó una serie de ayudantes o Minions: criaturas no orgánicas similares a una computadora, conocidas como arcontes.[42]

---

[42] Arconte generalmente se traduce como "gobernador de una provincia" o "autoridad religiosa o gubernamental". De ahí que el plural Arcontes se traduzca a menudo en los textos gnósticos como "las Autoridades" y sea un intento de los investigadores de convertirlos en los gobernantes romanos humanos de la época. Los gnósticos los habrían visto como "seres terrenales bajo la influencia de los arcontes". Los arcontes son del reino no orgánico del Demiurgo. (No existe una palabra copta para Arconte, por lo que los textos gnósticos usan el término griego en la transliteración copta.

Para crear el mundo material, el Demiurgo hizo una copia del Buen Lugar (Pleroma). Los gnósticos se refirieron a esta creación como una simulación (HAL en copto), el cual se convirtió en un mundo inverso de aquel que había sido copiado. Todo en nuestra realidad es una especie de holograma; desde la Tierra, a los planetas, a los seres. Los gnósticos afirmaban que el dios creador del Antiguo Testamento era el Demiurgo y no el Buen Dios del Pléroma. Cuando Sofía vio el resultado de su intento de dar a luz, se deprimió, se llenó de culpa y lloró continuamente. El Divino Padre vio su dolor y la perdonó, pero le exigió que permaneciera en el noveno cielo (la capa del cielo más cercana al Pleroma, sobre Yaldabaoth) para encontrar una manera de expiar su error.

El Demiurgo y los arcontes notaron que Dios había creado una criatura especial, un ser celestial llamado Adán. Ellos también querían un ser así y trataron de crearlo. Pero no podían animarlo. Este es el mismo concepto que se encuentra en las historias de la creación cátara (que muestran un vínculo definido), pero la pregunta continua sin respuesta: por qué el Demiurgo pudo animar a todas las aves, peces y animales, pero no a los primeros humanos? Todavía no he encontrado una respuesta para esta discrepancia. Los textos gnósticos afirman que seres del Pléroma, enviados por el Buen Dios, acudieron al Demiurgo y le indicaron que eran capaces de hacer vivir al hombre creado. Estos seres del Pleroma permitieron que una chispa entrara en el primer hombre de Sofía. Él comenzó a vivir. Esto permitiría al primer ser humano, y a todos los humanos posteriores, tener la chispa de la Divinidad en su interior. Esto los haría más espirituales y poderosos que el Demiurgo o sus arcontes. Al mismo tiempo, con esta acción, los seres permitieron a Sofía reivindicar su error.

Simplificando la historia de la creación (ya que es un relato largo y detallado), los arcontes sintieron celos del nuevo hombre por tener más poder interior que ellos, por lo que lo hicieron mortal. Se creó un Jardín del Edén, que incluía todos los placeres materiales y alimentos posibles, con el fin de distraerlo de su naturaleza divina. Los arcontes intentaron conseguir este poder tomando un trozo de Adán y colocándolo en una nueva criatura, Eva. Adán vio a Eva como su contraparte en la materia y se unieron como uno solo. Para los gnósticos, Cristo se les apareció como la serpiente mostrándoles como comer del Árbol del Conocimiento (Gnosis), en contraposición al árbol del bien y del mal como dice el Antiguo Testamento), con lo cual Adán y Eva recuperaron su conocimiento total de la creación. y de los arcontes.

Entonces el Demiurgo viola a Eva y los expulsa a ella y a Adán del Edén. Eva tiene dos hijos, Caín y Abel, también llamados "Yahweh" y "Elohim" (dos nombres para "Dios" en el *Antiguo Testamento*). Ninguno de los dos recibió la chispa divina. Estos dos podrían verse como "híbridos" en nuestro pensamiento moderno, en parte máquina de inteligencia artificial y parte humana. Los textos dicen que Adán y Eva, algún tiempo después, tuvieron relaciones sexuales consensuales y tuvieron otro hijo, al que llamaron Set, quien obtuvo la chispa divina. El Demiurgo se enfureció. Ahora había otro ser con más poder que él, por lo que "obligó a Adán, Eva y Set a beber el "agua del olvido" para que perdieran su Gnosis". Aunque olvidada, la chispa de la Gnosis todavía estaba dentro de los tres y, como tal, toda la humanidad (que no es un híbrido) tiene acceso a la misma chispa divina transmitida de generación en generación. Los textos afirman que, así como Adán y Eva necesitaban que Cristo apareciera para revelarles esto (como la serpiente), Cristo regresó nuevamente (posiblemente en forma holográfica) para hacer la misma revelación para toda la humanidad. Generalmente en el *Códice Nag Hammadi*, se hace referencia a Cristo con el título de "Redentor".

Los gnósticos tenían claro que los arcontes (por celos) intentaban constantemente impedir que los humanos alcanzaran su chispa divina. John Lash ha afirmado que estos lo evitan a través de la telepatía y la sugestión, y nosotros tenemos la opción de seguir estas sugerencias hipnóticas o no. Cada vez que lo hacemos, nos desviamos un poco más de nuestro centro humano. Por lo tanto, el control total de nuestra mente y energía es la forma en que superamos los intentos de hacernos elegir el "error". Lash afirma que la Gnosis es lo que supera esta trampa, un tipo de "ciencia noética yóguica fusionada con la parapsicología", y que, a través del conocimiento y uso de energía, sexo, ejercicios espirituales, visión clara y experiencias extracorporales, se puede recuperar la Libertad Total.

Philip K. Dick, autor estadounidense intentó presentar esta tesis gnóstica recientemente en su Trilogía Valis. Se supone que estos libros y la conexión con Sophia sucedieron después de una experiencia mística en 1974, durante la cual experimentó una descarga de información en su mente (similar a lo que me sucedió a mi durante mi experiencia con la muerte en el 2005). [43]

Los libros de Valis intentan mostrar que con la sabiduría de la Gnosis podemos superar el engaño y el continuar siendo víctimas.

*

Reinicios de "Loosh"[44]

En este libro he hablado sobre reinicios y pienso que debo expandir sobre el tema un poco más. En la terminología utilizada en este libro, un reinicio significa "una acción puesta en marcha por entidades controladoras para alterar completamente la estructura del entorno de este reino". Cuanto más se comprende esta realidad y que los humanos no son más que una pequeña parte de un todo mayor, más claro será lo que realmente sucede con los reinicios. Para explicar este ámbito, voy a compartir los puntos de vista de Robert Monroe[44] (quien escribió sobre una experiencia extracorporal que tuvo hace cincuenta años), así como la perspectiva de Carlos Castañeda, y los compararé con una visión que tuve en el 2009 en una ceremonia nativa. Quizás toda esta información logre clarificar a qué nos enfrentamos, dónde hemos estado, dónde estamos y hacia dónde vamos.
Robert Monroe se convirtió en el principal investigador de los fenómenos extracorporales. En el capítulo doce de su libro *Viajes*

---

[43] https://blog.oup.com/2016/07/philip-k-dick-spiritual-epiphany/
https://en.wikipedia.org/wiki/The_Exegesis_of_Philip_K._Dick

[44] Se puede encontrar información sobre la experiencia de Monroe en su libro Far Journeys y en el análisis de Bronte Baxter Tracking the Crack in the Universe - Loosh 101:
https://www.bibliotecapleyades.net/vida_alien/alien_archons93.htm
https://www.bibliotecapleyades
.net/ciencia2/ciencia_conscientehumanenergy100.htm

lejanos, presenta una "experiencia extracorporal" que tuvo (sigla OBE en inglés), en la cual conoció a un ser de luz que le proporcionó detalles de nuestro reino. El ser describió la Tierra como un experimento gigante en el que los "seres creadores" construyeron un sistema perfecto de recolección de "loosh" o energía suelta. "Loosh" es una palabra que Monroe acuñó para describir un tipo específico de energía que se cosecha y que los seres creadores (Demiurgo y arcontes) requieren. Si bien parte de la energía se recolecta mientras los seres aún están vivos, la mayor parte se toma al morir. Se afirma que esta energía es utilizada por el Demiurgo y los arcontes para "extender su propia vida". Yo diría que esta frase, expresada en términos informáticos, significa que la energía va a la red eléctrica de la simulación informática para mantenerla en funcionamiento y, por lo tanto, "extiende la vida útil de la simulación". Para que esto ocurriera, "estos seres" crearon un "jardín" para cultivar su fuente de alimento.

Nuestro mundo está dominado por lo que llamamos "la cadena alimentaria", la necesidad de comer otras cosas para sobrevivir. Monroe explica que la cadena alimentaria se ha establecido para maximizar la "liberación" de energía en el momento de la muerte. Ninguna criatura puede sobrevivir mucho tiempo en la Tierra o en este reino sin comer algo. Un vegetariano puede pensar que comer una zanahoria no es lo mismo que comerse un pato, pero ambos son organismos vivos que están aquí solo para ser parte de la granja de loosh, y su muerte es la misma que la de cualquier otra criatura desde esa perspectiva. Si un Buen Dios Creador fue realmente quien creó este lugar, y si se necesitara energía para mantenerlo funcionando, se podría haber desarrollado un mejor sistema. La gente trata de ignorar este problema, pero es fundamental ver que la única razón por la que existe una cadena alimentaria es porque proviene de la mente de aquello que es malvado.

Al leer este capítulo con atención, Monroe parece indicar que ha habido varias creaciones de este experimento mundial, así como varias puestas en marcha y destrucciones. Se han puesto en marcha varios reinicios, cada vez buscando un mejor sistema de producción de loosh. Resulta obvio que Monroe presenta una historia convencional de la Tierra, pero con el elemento adicional de que se trata de una producción de loosh, y no de un sistema evolutivo. Su libro sugiere que

61

quizás los primeros prototipos de criaturas para la producción de loosh en esta realidad fueron los dinosaurios. Hay mucha gente que no cree que los dinosaurios existieron, pero creo que es una respuesta adecuada al ver que la historia estándar presentada por la ciencia no tiene sentido. Es por esto por lo que se rechaza el concepto de los dinosaurios. Puede haber una respuesta para los dinosaurios, y para nosotros, y Robert Monroe podría haber proporcionado las claves para descubrirla.

Con los dinosaurios como sus primeras creaciones, el Demiurgo se dio cuenta que no podían generar un contenido suficientemente alto de loosh, o los dinosaurios descubrieron alguna manera de bloquear la cosecha. En consecuencia, fueron eliminados y esto se convertiría en el primer reinicio (razón por la cual la historia de los dinosaurios tiende a ser tan controvertida). No fue un asteroide accidental. Podríamos llamarlo la primera inundación: un acto de destrucción premeditado. El libro de Monroe afirma que luego se crearon nuevas criaturas sueltas, que parecen plantas y animales modernos. Quizás en estas primeras versiones también había criaturas que hoy llamamos neandertales y cromañón. Ambos parecen estar mucho más en sintonía con este entorno, con un vello corporal espeso que actuaba como una especie de pelaje y que reduciría la necesidad de ropa.

Los supervisores del experimento notaron que cuando las criaturas luchaban por recursos escasos o se producían conflictos, la cosecha era muy alta. Por eso a los animales se les dieron colmillos, garras o gran velocidad, para prolongar estas "luchas a muerte" el mayor tiempo posible y crear así aún más loosh. Más sufrimiento, especialmente antes de la muerte, significaba más loosh. Así también puede ser como surgieron los sistemas de sacrificios humanos, una exigencia de los "dioses" de darles un buen espectáculo de muerte y sufrimiento como alimento y entretenimiento combinados, y con la esperanza de que los dioses no "comieran" al que realizaba el sacrificio. No sólo habría una buena cosecha de loosh, sino que también podrían hacer creer a los otros seres humanos que el sacrificio se hacía para "apaciguando a los dioses" y hacer que las cosas fueran mejores y más seguras aquí en la Tierra. Incluso Jesús fue un sacrificio de sangre. También descubrieron que el sufrimiento, especialmente el miedo, produciría más loosh y, como tal, el reino se modificó para generar miedo constante. Por supuesto, con el tiempo los controladores se dieron cuenta de que ni siquiera necesitaban generar amenazas reales para que los humanos tuvieran miedo, sólo necesitaban presentar "noticias" de que podría haber una amenaza, y eso era suficiente.

El conflicto, el sacrificio y la comida para los dioses también se presentaron en los artículos de Brontë Baxter, quien también trato el tema de manera similar a lo que Monroe presentaba en los textos antiguos de la India, "El universo se sostiene mediante el sacrificio" (Atharva Veda) y "La muerte (como el Creador) resolvió devorar todo lo que había creado; porque él se lo come todo... Él es el devorador de todo el universo; todo este universo es su alimento." (Mahabharata). [45]

Monroe explica que al darse cuenta de que el conflicto proporcionaba mayores cosechas, los seres creadores restablecieron el mundo anterior e introdujeron este nuevo como un nuevo experimento. Este nuevo mundo incluía un nuevo ser: nosotros. Fuimos creados como una criatura para generar estos altos niveles de conflicto e infligir estos altos niveles de sufrimiento que desean los controladores de este experimento. El alma humana no quiere sufrimiento ni conflicto; esto es lo que quieren los controladores del experimento.

Por supuesto, este es un análisis abreviado del capítulo de Monroe. Recomiendo que usted lea este libro si puede hacerlo. La vida de Monroe se vuelve muy extraña después de vivir esta experiencia. Se afirma que primero entró en una depresión de dos o tres semanas. Cuando salió de esta, escribió el capítulo y luego nunca volvió a hablar del tema. Incluso su instituto, el mayor centro de investigación

---

[45]   Brontë Baxter
https://www.bibliotecapleyades.net/vida_alien/alien_archons93.htm
https://www.bibliotecapleyades.net/ciencia2/ciencia_conscioushumanenergy100.htm

sobre el tema, generalmente no tiene nada que decir sobre el capítulo doce, que menciona el loosh o la recolección de energía por parte de seres extraterrestres. Cuando visité el sitio web y busqué el término "loosh", no encontré ningún enlace. Él fue el fundador de este concepto y el sitio de internet de su instituto ni siquiera lo menciona. No les parece eso extraño?

Puedo tomar como base la historia de Monroe y agregar más ideas basadas en otros conceptos, así como mis propias experiencias. Con el tiempo, los controladores de este experimento decidieron debilitarnos mentalmente y nos dieron una mente que se cree auto-importante. Los humanos son en realidad seres poderosos en este ámbito. Pero ese poder ha sido ocultado y encubierto intencionalmente. Los nuevos humanos fueron creados para no sobrevivir fácilmente en este reino y para sentirnos constantemente fuera de lugar, como si "necesitáramos" que los dioses nos dijeran qué hacer y cómo ser. Nos dijeron que teníamos que confiar en ellos, y luego nos dieron dinero, leyes, gobierno y todos los demás sistemas de control para asegurarse que fuéramos "acorralados" fácilmente. Por lo tanto, los controladores del experimento son similares a los granjeros modernos que cuidan ovejas o vacas en un granero durante el invierno, dándoles lo suficiente para sobrevivir, pero no lo suficiente para vivir sin el granjero. El granjero cree que sabe lo que es mejor para los animales, que está por encima de ellos, que los animales están allí sólo para su propio uso, para hacerle ganar más dinero, para que pueda construir una nueva estructura o comprar un tractor nuevo.

A lo largo de la historia, ha habido muchos reinicios para modificar cosas aquí y allá. La teoría alternativa estándar sobre reinicios pasados tendía a ser que "los humanos se estaban volviendo demasiado inteligentes" o "muchas personas están descubriendo cosas", por lo que el sistema necesita detenernos. Este es un pensamiento engreído. Los reinicios en esencia tienen que ver simplemente con la energía. Una teoría es que todo el sistema de inteligencia artificial de la computadora necesita mejoras de energía y, como tal, están elevando las principales fuentes generadoras de loosh en este reino. Esto puede ser de lo que se trata el actual reinicio en el que nos encontramos: estamos siendo "actualizados" para producir mayores cosechas de energía en el futuro. No tiene nada que ver con el comercio, los negocios o lo que posee la gente. Todas estas son distracciones de la razón actual. Se trata de crear un nuevo ser humano que produce más loosh, en este caso uno que sea en parte humano y en parte robot, uno que esté bajo control y vigilancia totales. La élite de nuestro reino son los agricultores, y trabajan para mantenernos acorralados y distraídos hasta que el camión del matadero venga a llevarnos.

Aquí es donde hemos estado durante siglos, apartados de nuestro poder natural, viviendo una mentira de ignorancia. Algunos logran ver más allá de la mentira. Se les conoce como chamanes, pero estos son normalmente ignorados por el resto de las ovejas. Los secuaces que trabajan para los controladores están creando un mundo en el que alguien que rompa el condicionamiento tiene que convertirse en algo similar a un chamán, haciendo así que recuperar el verdadero poder sea casi imposible para las masas.

Existe una pregunta sin respuesta en la presentación de Monroe. Si nuestras almas están atrapadas en este reino material, y si el Demiurgo engaña nuestras almas para que vuelvan a entrar cuando morimos (como lo sugirieron los cátaros), entonces, cuándo fueron inicialmente engañadas nuestras almas para llegar aquí? Había almas aquí en la época de los dinosaurios y, de ser así, qué almas estaban atrapadas o contenidas en su interior? En los dinosaurios? En los primeros humanos? En el espacio incorpóreo? La creencia estándar en torno a esto es que sólo las almas humanas están atrapadas aquí. Entonces, eso significa que las almas humanas solo fueron engañadas hace unos miles de años (cuando ocurrió este importante reinicio y creación actual), o las almas no están tan "especificadas" como pensamos, y pueden estar contenidas dentro de cualquier criatura de la creación. Cuando uno ve que un perro, una jirafa, un cuervo, un árbol o una roca tienen un alma como la de uno, eso cambia la forma en que uno interactúa con el mundo.

Todo esto se presenta en la película Monsters Inc. La mayor parte de la película trata sobre cómo los seres en el "mundo de los monstruos" necesitan entrar al reino humano para que los gritos de los niños (todos humanos) impulsen su mundo. Esa es más o menos esta realidad en pocas palabras. Por supuesto, la película gira en torno al "final feliz de un cuento de hadas", donde los monstruos aprenden que la risa les da más energía que el miedo. Pero si los seres que dirigen esta realidad creyeran eso, habrían cambiado el experimento hace mucho tiempo. Llevan mucho tiempo probando posibilidades para crear loosh. Los reinicios en realidad consisten en cambiar la cosecha de loosh. Ahora sienten que la cosecha no les está dando lo que necesitan, tal vez porque el sistema se está haciendo más grande o funciona más rápido. El objetivo del cambio al siguiente nivel trans-humano es crear una mejor cosecha de loosh. Seres encerrados en una realidad artificial de inteligencia artificial (estilo matriz), podría ser el nuevo experimento de cosecha escogido por los controladores.

*

Carlos Castañeda

Carlos Castañeda abordó este tema en dos de sus libros. El primero es *El Don del Águila*, donde analiza las ideas de un Demiurgo, el otro en su último libro *El lado activo del infinito*, donde analiza la cosecha parasitaria de nuestra energía. Examinaré sus presentaciones con más detalle en un capítulo futuro (dado que *El lado activo del infinito* no es el libro que la gente cree que es, es algo mucho más importante para nuestro estudio de las trampas de la reencarnación), pero por ahora compartiré una rápida descripción general de estas dos partes de los libros.

El Don del Águila incluye una presentación de una fuerza que creó toda la vida, a la que Castañeda llamó Águila. No era un águila real, sino que aparecía como un águila para quienes la veían. Esta Águila, al mismo tiempo que creó esta realidad, también fue responsable de lo que sucede al morir, y todos los que mueran se enfrentarán al Águila.

"El Águila está devorando la conciencia de todas las criaturas que, un momento antes estaban vivas en la tierra y ahora están muertas, y han flotado hasta el pico del Águila, como un enjambre incesante de luciérnagas, para encontrarse con su dueño, la razón de haber tenido vida…El Águila desenreda estas diminutas llamas, las aplana, como un curtidor estiraría una piel y luego las consume; porque la conciencia es el alimento del Águila".[46] Hay un mensaje clave en el libro, aquí Castañeda se enfoca más en que el Águila

(Demiurgo) está comiendo nuestras experiencias de vida más que la energía. Eso es lo que el águila quiere. Como tal, la recapitulación de la vida es de importancia crítica, porque si le entregamos las experiencias de la vida antes de morir, no hay necesidad de ser devorados. Entonces podemos encontrar algo que él llamó "una grieta o un momento de oportunidad", para "pasar velozmente, evitar el Águila y ser libres". Esto también es una pista, porque el águila quiere experiencias de vida, esto haría de este reino una especie de experimento. Hablaré más de esto en el capítulo final.

En el capítulo "Sombras de barro", de su libro *El lado activo del infinito*, Castañeda habla de seres parásitos. Es interesante que haya esperado hasta los últimos capítulos de su último libro para hablar de esto. En pocas palabras, estos seres inorgánicos, llamados "depredadores" o "voladores", han convertido al ser humano en fuente de alimento. Lo que comen específicamente es una capa de energía que él llama "La capa resplandeciente de la conciencia". Este abrigo debe ser similar a lo que Robert Monroe quiso decir con la palabra Loosh. Lo que hizo este depredador para asegurarse de que fuéramos buenos animales de granja fue darnos su mente, lo que Castañeda llamó una "instalación extraña parasitaria". Esta mente crea conflicto, confusión, depresión, miedo, ira, culpa y todos los estados de ánimo negativos. Es cierto que el buen humor también produce energía cosechable, sólo que en un "grado inferior". Esta mente parásita gobernó nuestra Mente Verdadera (que estaba dentro de nosotros antes de que se instalara el parásito) y gran parte de la primera mitad del libro *El lado activo del infinito* trata el tema de la recuperación de esta conexión con nuestra mente real. La recapitulación también forma parte de este proceso.

Lo más interesante de este capítulo es que Don Juan (el maestro de Carlos) ofrece sugerencias sobre cómo liberarse del Depredador. Sus pretensiones no eran salir a arreglar el mundo, sino centrarse en uno mismo, "disciplinarnos hasta el punto de que no nos toquen". Disciplina en este caso no significa rutinas diarias ni concentración, sino "la capacidad de afrontar las adversidades que no

---

[46]   *El Don del Águila,* de Carlos Castañeda

están incluidas en nuestras expectativas: el arte de afrontar el infinito sin pestañear, no porque se es fuerte, sino porque están llenos de asombro. " Al almacenar lo que Castañeda llamó "Silencio Interior", uno podría hacer que la Capa Resplandeciente de la Conciencia fuera "desagradable" para los voladores. No los atacamos, hacemos esto para que no les guste el sabor de nuestra energía suelta, nuestro Loosh, para que dejen de intentar comernos. "El gran truco... es exigir a la mente del volador con disciplina, con silencio interior, y la instalación extranjera huirá".[47]

No puedo saber con certeza cómo funciona eso exactamente. Lo que puedo decir es que en los períodos de tiempo en los que estaba más enfocado en la quietud de la mente, no tanto por un tipo de meditación, solo un enfoque claro en lo que fuera que estaba haciendo; experimenté una mayor tranquilidad mental. Cuando agregué eso al ejercicio que Castañeda llamó "la forma correcta de caminar", había largos períodos de tiempo en los que los pensamientos no aparecían. No los estaba "obligando a detenerse", simplemente caminaba concentrándome tanto en el mundo que los pensamientos no podían aparecer. Quizás parte de lo que come el volador sea el pensamiento mismo. Recuerde que tenemos un dicho muy extraño cuando le hacemos una sugerencia interesante a alguien, bueno, "eso es motivo de reflexión" (*"food for thought" en inglés "comida para pensar" – Nota de la traductora*).

---

[47]   Carlos Castañeda, *El lado activo del Infinito* págs. 221-226

*

Hay otra historia que quiero mencionar brevemente, porque es una que quizás los lectores conozcan. El problema es que es difícil saber si la historia es falsa, verdadera, desinformación o todo lo anterior. Y es una historia muy extraña. En 1998 se produjo una de las primeras sensaciones en Internet en torno a un nuevo sitio web conocido como Wingmakers. Ese sitio virtual ya no existe, pero poco después ocupó su lugar uno similar, que existe en la actualidad.

El sitio fue visitado por millones de personas, y en este, se sugirió que el gobierno de los EE. UU. durante la década de 1970 había encontrado una cápsula del tiempo. La historia habla de una Tierra que es una copia y que las almas han quedado atrapadas, engañadas para habitar cuerpos físicos. Pero la historia del sitio web y todo lo demás es simplemente extraña. Dejo las notas a pie de página para la descripción general de esta historia de Wes Penre y del nuevo sitio en caso de que usted quiera consultarlo.[48]

*

La Visión

Hay otro punto de vista sobre el tema de este reino y sobre por qué somos como somos. Sólo he aludido a ello hasta ahora, pero compartiré mi perspectiva ahora. Yo tuve una visión en el 2009. En ella, vi como no fue el Demiurgo quien nos creó, sino la naturaleza quien lo hizo, para ayudarnos a encontrar una ruta de escape del Demiurgo. Esta es la razón por la que sus arcontes y secuaces en el mundo están tratando con todas sus fuerzas de detenernos y frenarnos.

---

[48] https://wingmakers.com/about/ancient-arrow-site/ ,
https://docs.google.com/file/d/0B5RUtnz0S-
o6S2xiMzVTaThib3dhTTlMUGd0cUl3SG9NQ2JV/edit?resourcekey=0-
C9sYLSdqSJAhHiLbrEtYzw , https://wespenre.com/tag/james-mahu/

69

Revisando la experiencia, fue una "coincidencia" que en mi viaje onírico y en la visión, entré en una "caverna". Es también interesante que cuando salí de la caverna, me sentí fresco y renovado. A continuación, describiré la visión e incluiré corchetes dobles alrededor de una idea adicional que brinda otro punto de vista sobre hacia dónde apuntaba la visión original. Esta visión confirma que toda la naturaleza está atrapada, pero no clarifica cómo se creó, cuál es la trampa original ni la manera como las almas animan a los humanos.

A finales de 2009, un fuego alquímico comenzó a arder en mi interior. Partes ocultas de mi estructura egóica que pensé que habían desaparecido hacía mucho tiempo, salieron a la superficie, creando dolor y confusión, acompañados por un fuego interior que no se apagaba. Los demonios y las fuerzas oscuras comenzaron a intensificar sus ataques. Por un lado, preguntaba por qué? Por qué atacar a un hombre que ya tiene problemas? Se ataca para detener a alguien? Lo afronté, noche tras noche, con una hora de sueño y poco interés en comer. Sufriendo interiormente por mis propios errores y mi propia falta de fe en todos los dones que había recibido. Pasé un fin de semana con un curandero nativo, Jerry, y en el transcurso de ese fin de semana tuve esta visión. Sentí que esto fue lo que les sucedió a los primeros humanos hace 100.000 y explica quiénes éramos, de dónde venimos y qué significa.

Antes de que nacieran los primeros humanos, había rocas, árboles, plantas, animales y agua. Un día se dieron cuenta de que, a pesar de lo que parecía ser libertad y paz, estaban atrapados en una especie de bucle repetitivo. Vieron lo que se necesitaba hacer para que todos obtuvieran su libertad, pero ellos mismos (la naturaleza) no podían realizar ese acto. Tuvieron una reunión sobre qué hacer al respecto.

Pidieron ayuda a la Madre Sofía. Ella permitió que la naturaleza creara un nuevo ser para ayudarlos. La naturaleza creó a los humanos como la fuerza activa para abrirles la puerta de la libertad y, para ayudar a los humanos, la naturaleza sería nuestra guía. La naturaleza creó al hombre a partir de todas sus partes: una planta, una roca, una gota de agua, una ráfaga de aire y un animal: todos combinaron sus fuerzas. La parte animal que hace parte de cada ser humano se llama "poder" animal o "tótem", porque es la parte más fácil de alcanzar entre todas las fuerzas de la naturaleza que nos crearon. Todos los humanos fueron creados al mismo tiempo, pero solo fueron manifestados y traídos al mundo cuando fue necesario. Y luego nos pidieron que hiciéramos las cosas que había que hacer por ellos.

Por eso la naturaleza nos permite utilizarla. Porque somos parte de la naturaleza, estamos aquí para hacer un trabajo por la naturaleza, fueron ellos quienes nos pidieron que estuviéramos aquí y nos crearon. Es por eso por lo que los árboles se dejan talar y un ciervo se deja matar por su carne. Lo hacen como un sacrificio por nosotros, para que los humanos podamos seguir cumpliendo el papel para el que fuimos creados. Si podemos completar eso, entonces no sólo todos los humanos, sino también toda la naturaleza, será libre. El bucle repetitivo terminará. La naturaleza puede guiar a los humanos hasta esa puerta, pero necesita que los humanos la atraviesen.

Cuando la naturaleza entendió estas cosas por primera vez, también vio que había una fuerza oscura que mantenía todo encerrado en un bucle repetitivo y continuo de tiempo. Al principio, esta oscuridad no necesitaba hacer mucho, porque era poco lo que la naturaleza podía hacer por sí misma para acabar con ella, porque la naturaleza estaba configurada como un "círculo de vida" ((cadena alimentaria)). No podía terminar el ciclo sin terminar él mismo. Por eso la naturaleza creó al hombre. Y esta fuerza oscura reconoció instantáneamente que los humanos eran un peligro para todo el sistema. La fuerza oscura creó una fuerza contraria que tenía la única tarea de asegurarse de que los humanos no pudieran completar su tarea. ((Esto podría ser visto esto como un ejército de Mr. Smiths de la película Matrix)). Porque si los humanos tuvieran éxito, toda la naturaleza sería libre y la fuerza oscura no tendría adónde ir. La fuerza oscura depende del bucle repetitivo del vórtice.

Es por eso por lo que esta fuerza oscura ataca con tanta fuerza a los humanos, pero rara vez ataca directamente a la naturaleza. La naturaleza estableció puntos de poder, lugares de fuerte energía donde los humanos pueden ir y tener comunicación abierta con los espíritus de la naturaleza y con los espíritus que viven en el reino superior a la naturaleza. Los primeros humanos construyeron templos y estructuras para establecer dicha comunicación o para amplificar el poder de lo que se les mostró. La fuerza oscura vio esto, por lo que pasó gran parte de su tiempo intentando obtener el control de estos puntos de poder, que son las aberturas directas de comunicación entre la naturaleza y los humanos. A medida que las fuerzas oscuras se apoderaban de estos puntos, la naturaleza transmitía una nueva forma

71

de comunicarse que, si bien no era tan clara y perfecta (como una línea telefónica semi-confusa), era una línea que las fuerzas oscuras no podían cortar. Le dieron a los humanos ceremonias y herramientas eléctricas que en cierto sentido crearían una pequeña abertura de poder donde se realizaba la ceremonia.

A medida que los humanos aprendían más y comprendían mejor qué es este lugar y cuál es nuestro trabajo, las fuerzas oscuras necesitaban aumentar aún más los ataques y manifestaron una "fuerza generada por computadora" de ataque supremo dentro del estado de sueño. Parte de su trabajo era hacer todo lo posible para bloquear las ceremonias dadas a los humanos, y así comenzaron sus propias ceremonias contrarias ((inversas)) "rituales satánicos, condicionamiento subliminal y control mental". Uno de los intentos más importantes para detener a los humanos fue darnos un parásito: la mente egóica. Este virus se propagó hasta que pocos pudieron darse cuenta de que hubo un punto en el que no estaba aquí, y por eso nadie cuestiona el origen de la mente egóica. Sin embargo, toda obra espiritual en la historia habla de los peligros de nuestra propia mente. Por qué nuestra mente debería ser peligrosa si es nuestra? Y ese es el punto que normalmente se pasa por alto. No es nuestra; es el mecanismo de bloqueo de esas fuerzas oscuras. ((Estas fuerzas oscuras con el tiempo han hecho que los humanos olvidemos cada vez más por qué estamos aquí. Muchos humanos incluso pasan su tiempo destruyendo y dañando la naturaleza y sus criaturas, las mismas cosas que nos dieron nuestra vida original)).

La naturaleza conoce la salida. Sabe dónde está la puerta y qué hacer. Quiere llevarnos a esa puerta. Pero también sabe que primero se debe eliminar el virus-parásito (la mente egoica). Y esto es un desafío mucho mayor de lo que parece. Sólo cuando ese parásito haya desaparecido por completo, la naturaleza podrá volver a conversar directamente con nosotros, guiándonos y mostrándonos lo que debemos hacer. La naturaleza puede transmitir mensajes, aportar energía, abrir bloqueos, pero nosotros tendremos que hacer el resto. La naturaleza no está de ninguna manera separada de nosotros, venimos directamente de ella. Hay una razón por la que el mito de la creación dice que los humanos están hechos de arcilla de la Tierra. Es simbólico decir que nuestro creador es la naturaleza misma, la Tierra permitió que existiera la creación por naturaleza. La Tierra no es nuestra madre, sino nuestra ABUELA. Es por eso por lo que en los escritos antiguos la naturaleza no era sólo femenina, sino también masculina, ya que lo encapsula todo.

Toda la estructura de la sabiduría, la mitología, los textos y los cuentos humanos más antiguos se transmitieron durante generaciones, y en esencia trata sobre esta creación, las necesidades de la naturaleza para nosotros y las fuerzas oscuras que intentan evitar que eso suceda. Cuando volvamos a este lugar interior y exterior, sabremos exactamente lo que se nos pide que hagamos, y luego lo haremos y terminaremos el ciclo de una vez por todas. Si no lo hacemos, el bucle repetitivo se reiniciará y todo empezará de nuevo.

Esta es la visión que se me presentó en la caverna. Gracias.

*

Al final de esta visión utilicé la palabra "reiniciar". Este resumen fue escrito en 2009, mucho antes de que esa palabra se usara con frecuencia en la vida diaria como lo es hoy. La visión empezó diciendo que la naturaleza estaba "atrapada". No hubo ninguna explicación de cómo quedó atrapada específicamente, pero esa fue la palabra que apareció en mi visión. Lo que también hace que esta visión sea tan interesante es que no estamos atrapados directamente por el Demiurgo, sino que estamos atrapados porque venimos de aquello que ya está atrapado en la "naturaleza". Pero dentro de los humanos hay una parte especial que permitiría, no sólo nuestra salida, sino la de toda la naturaleza, de hecho, de todo el reino. Por tanto, mi visión es muy diferente a los mitos de la creación de los gnósticos y cátaros, que creían que las almas humanas eran engañadas para entrar en la materia. Supone un gran cambio pensar que podríamos ser un alma "no individual" como normalmente lo consideramos, sino que estamos atados a las almas de la naturaleza. Quizás cada humano que finaliza el ciclo de reencarnación se lleva consigo algo de la naturaleza cuando nos vamos.

No puedo estar seguro de cual historia es cierta. Somos almas que hemos sido engañadas para venir aquí por el Demiurgo/Satanás como dicen los gnósticos y los cátaros? Estamos viviendo en lo que alguna vez fue una especie de hermoso paraíso antes de que las fuerzas oscuras se apoderaran de él y aprisionaran toda vida, como podrían sugerir Castañeda y mi visión? Somos criaturas sueltas creadas por el Demiurgo mucho después de que este reino comenzara? Todo lo que puedo decir es que debemos considerar todas las opciones. La conclusión es que de una forma u otra somos parte de un mundo parecido a una prisión, y las fuerzas oscuras están trabajando para

73

mantenernos atrapados y engañados, reencarnando una y otra vez en un mecanismo circular de recolección de energía.

Algunos podrían decir que los humanos somos un experimento fallido y que deberíamos ser eliminados. Basado en cómo nos hemos comportado y maltratado al planeta y a nosotros mismos, puedo entender esta conclusión. Pero si este reino no fue creado por un Dios amoroso, sino por un Demiurgo malvado, todo comienza a tener sentido. Los seres humanos actuamos de la manera en que fuimos diseñados para hacerlo, y es sorprendente cuántos pueden romper ese condicionamiento y comportarse de una manera sensata. Si uno cree en un creador amoroso, entonces los humanos han fallado aquí. Pero cuando se ve que todo el sistema no fue creado para que los humanos seamos amables, armoniosos o equilibrados, sino más bien para que seamos terribles unos con otros para cosechar más loosh, todo se vuelve más claro. Si los humanos vivieran en armonía y se comportaran bien unos con otros, habría muy poca energía suelta o loosh disponible para cosechar. Creo que las entidades controladoras intentaron esto al principio (los recuerdos históricos de esta época son de una edad de oro), pero la cosecha de loosh de este sistema fue demasiado baja, y una vez vieron que el conflicto y el sufrimiento creaban más loosh, se cambió el sistema. No cambió porque los humanos quisieran que cambiara ese mundo, sino porque era beneficioso para quién controlaba esta simulación. La simulación está preparada ahora para que los humanos sean poco inteligentes, manipuladores y engreídos. Esto hace más fácil aceptar a los secuaces del controlador como "súper ejemplos" de nosotros en el ámbito material. Se nos puede realmente llamar un experimento fallido si el experimento fue preparado intencionalmente para que fracasemos? Puede uno considerarse perdedor en una competencia diseñada intencionalmente para que uno no pueda ganar?

La obtención de objetos y títulos en el mundo físico no es una ganancia, sino una distracción egoísta. Tenemos el poder y las herramientas internas para recuperar la totalidad del conocimiento (Gnosis), y podemos usar estos dones para ver más allá de los borrados de memoria, sufrimientos previos y enfocar nuestra Intención en una sola cosa: regresar a Casa. Es cierto que debemos tener cuidado, ya que otro de los trucos del estado posterior a la muerte es hacer que el recién fallecido "sienta" como si estuviera en casa (aquí he usado deliberadamente una c minúscula). En un nivel, el alma busca el Hogar (H mayúscula) y, como todos los trucos aquí, se presenta una copia como si fuera real. No permita que las experiencias de "sentirse bien" lo engañen haciéndole creer que ha llegado, cuando todavía está en el barco en el mar, siendo conducido hacia el ojo del huracán. Parece calma pero la tormenta está cerca. Hogar significa Hogar. No más trucos, engaños o mentiras. La idea es mantenerse firme, conocer su Poder interior y no conformarse con nada menos que el Verdadero Hogar.

Contemplación de la Fundación

"El aprendizaje más útil para los usos de la vida es desaprender lo que no es cierto". Antístenes

"El aprendizaje más útil para los usos de la vida es desaprender lo que no es cierto". Antístenes

4

EXPERIENCIAS ESTANDARD CERCANAS A LA MUERTE

La pregunta más importante al leer este libro debe ser: "Y qué?" Qué valor tiene esta información sobre mi situación actual? Esa debería ser la pregunta con cada libro que lea y video que vea.

Como tal, seguiré los capítulos principales con secciones más pequeñas de ejercicios para que usted los pruebe o los considere como una contemplación. Eso no significa que usted deba sentirse obligado a seguir cualquiera de mis sugerencias; son sólo sugerencias. No se puede pensar en cómo salir de la caverna de Platón. He visto a grandes pensadores usar sus mentes para terminar más involucrados con este reino, en lugar de acercarlos a la salida como les gustaría creer.

*

Uno de los primeros lectores de prueba de este libro hizo una sugerencia: "Por qué no agregar las experiencias cercanas a la muerte de algunas personas y comentar sobre ellas? Eso le daría más credibilidad al tema para mostrar de dónde salen estas ideas". Pensé que era una excelente idea. Era algo que había planeado hacer en el 2023, y me di cuenta de que parte de ello tenía que presentarse aquí. Proporcionaré algunos fragmentos de experiencias reales que presentan la base de lo que se analiza en este libro, es decir, que el reino después de la muerte está configurado como una trampa.
También tengo mis propias experiencias cercanas a la muerte. Han sido presentados en mi libro *Falling For Truth* y también en entrevistas en vídeo.[49]

---

[49] Versión larga en video de mi experiencia en el canal https://www.youtube.com/watch?v=nW4cmcf3-aU. También se pueden encontrar fragmentos más pequeños en otras entrevistas que he realizado en YouTube.

El hecho de que haya tenido algunos roces con la muerte no significa que sepa lo que va a pasar cuando llegue el momento. Tengo algunas ideas, cosas para las que estoy preparado. Aun así, nadie parece saber con certeza qué sucederá. Y eso es una gran señal de alerta para mí. Si la experiencia de la muerte realmente se trataba de ir a un Cielo maravilloso y amoroso, entonces todos deberíamos saber exactamente lo que va a suceder. Los seres sólo ocultan la verdad cuando saben que esta no será agradable para quienes escuchan.

La mayoría de las experiencias enumeradas aquí provienen del sitio web www.nedrf.org. Ahí hay miles de informes enviados por personas que describen lo que les sucedió en el momento de la muerte. Podríamos decir que más del 85% describen una historia que yo llamo estándar. Sin embargo, el hecho de que una experiencia sea común no significa que no esté siendo manipulada por fuerzas externas. El estándar "ir a la luz" puede ser el principal engaño. Pero lo más importante para nosotros es el 15% de los relatos que no se ajustan a la norma, ya que son estos los que podrían acercarnos a la verdad. Estas personas han tenido experiencias en las que se relatan historias diferentes al estándar y ven las cosas como realmente podrían ser en el reino después de la muerte.

Las experiencias cercanas a la muerte estándar se presentarán aquí, mientras que las no estándar se analizará en el capítulo nueve. Cuando llamo a las experiencias "estándar" no significa que las esté descartando o menospreciando de manera alguna. He leído casi cien de ellas, y cada una es fascinante, y algunas simplemente asombrosas. Estos son resúmenes para proporcionar un punto de partida del evento normal en esta área de investigación.

*

Empezaré por compartir la experiencia de Gene Goodsky, que se encuentra en el libro *Warrior Spirit Rising*, escrito por su hija Diana. Tiene casi todos los elementos que se encuentran en las ECM (experiencias cercanas a la muerte) estándar. Incluye todos los temas típicos de una lista. Por eso me pareció sorprendente leerla cuando la encontré mientras escribía este libro.

La experiencia de Gene comenzó después de estar muy borracho durante varios días y desmayarse en su cama y estar al borde de la muerte. Lo siguiente que recordó fue estar **flotando sobre su cama**. Luego salió por el techo de su casa con seres **parecidos a ángeles**, que parecían nativos y hablaban su idioma. Fue llevado a su propio funeral y tumba. "**Todos sus dolores y molestias desaparecieron, su espíritu quedó libre**". Atravesó una puerta, vio una **luz brillante y un túnel**. "Estaba invadido por una **abrumadora sensación de calma, gratitud y amor**". La siguiente parte es muy singular y nunca había oído hablar de esto en ninguna ECM: vio personas con palos en la boca y no parecían felices. "*Instintivamente supo que se habían quedado estancados, que estaban perdidos*". El comentar que hubo personas perdidas en la muerte es una posibilidad muy reveladora.

Luego llegó a un **puente** y lo cruzó. Vio gente triste e infeliz. Luego se dio cuenta de que esas personas eran él, en diferentes etapas de su vida. Odiaba las caras que veía en sí mismo y todo el dolor que había causado a otras personas (una **revisión de vida** con un estilo diferente al regular). Luego estaba en **un río** y allí había un gran perro blanco. Una vez que expresó total arrepentimiento por todo lo que había hecho en su vida, el perro cruzó el río, se acercó a él y él cruzó el río sobre el lomo del perro. Luego afirma haber visto lo que llamó "el puente de la serpiente", un lugar que sólo los curanderos de su tribu podían cruzar, y como él no lo era (en ese momento), no llegó allá. Lo interesante es que conocía este puente. Más tarde se convirtió en curandero y, como tal, en su "próxima muerte", podría ir al mismo puente que vio, pero se sintió incapaz de cruzar en esta primera experiencia.

Gene ahora flotaba por un camino, y junto a él estaban todos los **muertos que había conocido en su vida**. Vio claramente a sus **padres y abuelos**. Luego acudió a un curandero que había conocido durante su vida, quien lo dirigió a una enorme tienda india (casa nativa) que brillaba con luz. Dentro de la tienda india había un ser de pelo blanco y largo, vestido de blanco, y era la fuente de la luz. Una representación perfecta de un **ser de luz blanca**. El Ser de Luz le dijo a Gene que **tenía que regresar**, "**no es tu momento, tienes que ayudar a cierta gente**" (tienes una misión). "*No quería abandonar esta* *nueva **paz** que sentía, pero sabía que **tenía que escuchar** al hombre del pelo blanco*". Esto es común tanto en las ECM estándar como en las que incluiré en el capítulo cinco: la de querer permanecer en este reino de paz, pero ser enviado de regreso, a menudo en contra de su voluntad.

Gene cruzó el río de regreso y luego se despertó. Nació de nuevo: fue cambiado para siempre".[50]

Es valioso compartir esta experiencia, no sólo por la cantidad de partes que constituyen una ECM estándar, sino también por lo que significó para su vida cuando regresó a la Tierra. Fue esta experiencia la que le impidió continuar siendo un alcohólico. Inmediatamente entró en tratamiento de rehabilitación y estuvo sobrio el resto de su vida. Abrazó su herencia ojibwe, se convirtió en curandero local, curó a muchas personas en su comunidad y enseñó su idioma y cultura en escuelas y universidades. Esta experiencia transformó a este hombre por completo y se convirtió en un verdadero pilar de fortaleza para su comunidad. Este es exactamente el tipo de persona que a todos nos gustaría conocer, alguien que superó grandes dificultades en su vida, sus propios demonios internos y se convirtió en un buen ser humano. Gene es un hombre al que hubiera querido conocer.

No estoy compartiendo su historia para menospreciarlo de ninguna manera, sino para revelar lo que una ECM estándar puede hacer por alguien. Casi siempre, la persona cambia, generalmente de manera que lo hace más amable, abierto, compasivo y servicial. Tiene muchos aspectos positivos para las personas que la experimentan, sentimientos de amor y paz. Todo suena positivo hasta ahora.

Aquí hay más experiencias estándar. Cada una incluye el nombre de la persona y el código numérico NDERF, para poder leer la experiencia completa si lo desea en *www.nderf.com*.

---

[50]   Goodsky, Dianna, *Warrior Spirit Rising*, págs. 89-96

"El ser principal dijo que había aprendido lo suficiente sobre el conocimiento, que ahora debía regresar y aprender sobre el amor. La información sobre el "amor" no es lo que pensamos aquí en el mundo físico. El amor no es sexual ni posesivo, sino espiritual. El amor se parece más a una compasión infinita, sin juicio". Rhonda M 23499

"Los puntos de luz más cercanos a mí eran mis padres, mis abuelos, mi familia, todos los que fallecieron antes que yo lo hiciera; y los más cercanos a ellos eran amigos cercanos, y conectados a ellos estaban las personas que habían influido en mi vida y a quienes yo había influido (estudiantes, conocidos, etc.) - y las personas con las que habían interactuado, pero que yo desconocía, pero que estaban conectadas a mí por mi interacción con todas las personas que había conocido. Todos esos fragmentos de la vida relataban cómo mi vida y mis acciones habían afectado las de ellos". ECM de Harry T 9339

"Ya no sentí ninguna carga de pena, ya no sentí dolor por mis lesiones crónicas en la columna durante 40 años, ni duelo, ni recuerdos, ¡solo liberación absoluta hacia la Luz del Amor! ¡Hogar, como ahora me doy cuenta! ¡Amor Increíble!... ¡Todo fue tan hermoso y sanador! Me sentí como si me disolviera en la Luz, sin palabras para capturar la experiencia". Joyce G 9301, 9406.

"Me hicieron una revisión de vida mientras estaba dentro del vacío. Durante esta revisión, le dije al ser que hiciera una pausa. Quería examinar mejor las partes de mi vida. Luego pude ver estos eventos desde arriba. La revisión de vida no duró mucho porque le pregunté al ser algo que lo sorprendió. 'Puedo planificar mi próxima reencarnación?'. El ser dijo: 'Por lo general, la gente espera hasta su muerte real para elegir su reencarnación'". Niels W 9193

"Una luz pura y brillante me envolvió y ya no tenía cuerpo físico. Pero todavía existía? No tenía ojos para ver, pero veía todo lo que me rodeaba. Estaba en el centro de una vasta nada, pero la nada no estaba vacía. Estaba completamente llena de la presencia del Dios vivo. No hay palabras para describir dónde estaba". Estrella ENDE 9139.

"Yo era el UNIVERSO en expresión, y el Universo estaba dentro de mí, yo lo vi, LO SABÍA íntimamente. Yo era UNO con TODO LO QUE ES, TODO

LO QUE SIEMPRE FUE y TODO LO QUE SERA. TODO LO QUE EXISTÍA estaba dentro de mí... De hecho, me mostraron una pantalla de cine y luego me mostraron lo que había estado haciendo; viviendo mi vida... la pantalla de cine estaba en blanco y negro y era perfecta hasta que comenzaron a verse PROYECCIONES en ella, entonces cualquier cosa proyectada es una 'EXPERIENCIA'... Llegué a una barrera que no se me permitió cruzar y me enviaron de regreso contra mi voluntad. No parecía tener ELECCIÓN. Tuve una ENORME REVELACIÓN y luego escuché un FUERTE POP o CLIC y luego fui devuelto a mi cuerpo dándome palmaditas y gritando. 'ESTOY VIVO, ESTOY VIVO, ESTOY VIVO'". Anne W ECM 9119. (En realidad, su experiencia y lo que le sucedió después es bastante sorprendente; hay mucha información en su historia y recomiendo leerla.)

"En algún momento, se levantó un velo. Fui arrastrada hacia un túnel largo y oscuro que tenía una luz blanca muy brillante que irradiaba amor. Podía escuchar arpas y vi a mi tío abuelo Harry Ed y a mi tía Vickie. Sentía dicha total y felicidad. Estaba en casa. No quería volver. Tuve una revisión de la vida en la que vi cada evento de mi vida. Vi cada acto de bondad y cada acto de despecho o mala voluntad. También pude verlo desde el punto de vista de la otra persona". Melinda G 9029. (Otra ECM detallada que recomiendo leer para obtener más información sobre la forma estándar en que se presenta la ECM. Ella es otra persona que parece haber adquirido habilidades psíquicas y curativas al regresar a este reino.)

Si le preguntara a la persona promedio cómo es una ECM, usaría las palabras que aparecen arriba: luz blanca, túnel, amor, paz, Dios, revisión de la vida y familiares. Esto es lo que convierte la experiencia en algo similar un programa de televisión o una película. La luz blanca es su amiga, lo consolará y le quitará todo el dolor. Las drogas hacen lo mismo, por eso la gente las usa, porque les quita el dolor por un tiempo. Luego el dolor regresa y necesitan más drogas. La luz blanca también puede aliviar el dolor por un tiempo, pero y si el dolor y el sufrimiento regresan? Qué pasa si la luz blanca no es la puerta al Cielo, sino un deslizamiento de regreso a este reino del sufrimiento? Entonces mucho de lo que se presenta en estas experiencias puede ser un engaño. Otra señal de alerta, incluso en estas "experiencias para sentirse bien", es que la mayoría de las personas son enviadas de regreso en contra de su voluntad. Generalmente, todos quieren permanecer en la sensación de amor y paz que sienten, pero un ser "con el que sienten que deberían estar de acuerdo" les dice que tienen que regresar, o simplemente los obliga a regresar. Generalmente, se les dice que tienen más que aprender o una misión que completar. Sin embargo, muchos también afirman que mientras estaban en este reino posterior a la muerte, tenían acceso al omnisciente. Entonces, qué más necesita aprender un alma si ya está en un lugar donde lo sabe todo? Curiosamente, esta parte de la experiencia tiende a pasarse por alto, ya que cuando la persona que regresa se concentra en el amor y la felicidad de todo esto, olvida que "regresó a la Tierra en contra de su voluntad". En el capítulo cuatro, mencionare algunas personas quienes tienen una opinión diferente sobre el ser obligadas a regresar aquí.

Qué hay de mí? Qué hubiera hecho en mi ECM si no hubiera salido del río, hubiera caído por las cataratas y hubiera muerto? Estoy seguro de que el túnel de luz blanca habría aparecido ante mí. Habría entrado en él? Tal vez. Por eso no puedo juzgar las decisiones de nadie, ni lo que sienten ahora sobre la experiencia. Sin embargo, buscamos pistas e ideas que nos ayuden a comprender plenamente la vida y la muerte. Qué vamos a hacer cuando nos encontremos en la misma situación? Es una pregunta importante, a la que volveré a medida que avance este libro.

Qué hace realmente la luz blanca? Trae paz y transforma la vida (como afirma el 85% de las personas que regresan), o es parte de un ciclo de reencarnación a un reino de sufrimiento casi continuo, como afirman muchos del 15%? Cuando se consideran las enseñanzas de sabiduría de los gnósticos y cátaros, este reino está diseñado para engañarnos una y otra vez para aceptar volver aquí. No volverán con gusto todos los que pasen por la experiencia amorosa cuando 'realmente mueran'? Qué pasará con todas las personas a las que les han contado esta historia, o que han leído un relato de ella, o la vieron en una película actuada por una celebridad? Caminando hacia la luz blanca del amor? La mayoría simplemente se irá, porque eso es lo que el condicionamiento les dice que hagan. Lucifer es el portador de la luz. Se dice que la Luz del Absoluto es dorada, no blanca. La luz blanca de la ECM es realmente Lucifer?

El 15% de las experiencias no son las que los investigadores elegirán para incluirlas en sus libros o para realizar giras de conferencias en las universidades, porque no coinciden con el típico mensaje de "feliz para siempre, el amor y la vida son tan maravillosos". Estas experiencias del 15% se ignoran. Este libro, y otros investigadores como yo, queremos centrarnos en lo que es verdad y olvidarnos de lo que nos hace sentir bien o mejora nuestra percepción de la vida en este planeta loco llamado Tierra. Tomemos la Verdad. Examinemos lo que está sucediendo en estos ámbitos.

No tengo idea de lo que está pasando. Esa luz blanca es probablemente una trampa de reciclaje, y si voy hacia ella o la acepto, mi memoria se borrará y volveré a este planeta. Incluso si se consigue un buen cuerpo y una nueva vida agradable, qué se ha ganado realmente? Estar de vuelta en la materia, sin recuerdos de ninguna encarnación anterior y sin manual de qué es esto, quién se es y por qué se existe. Qué se ha ganado con otra encarnación? Incluso si la experiencia es agradable y placentera, tampoco hay mucho que hacer. Los soldados heridos van al hospital para que les curen las heridas y, una vez curados, son enviados de regreso al campo de batalla. La metáfora es adecuada para reflejar nuestra experiencia en la Tierra.

No olvidemos que todas estas experiencias discutidas son experiencias "cercanas a la muerte". No son experiencias de muerte. Eso tiende a olvidarse. He estado leyendo información muy interesante que sugiere que hay tres fases distintas de la muerte. Rudolf Steiner sugirió que había tres mundos: el físico, el astral y el espiritual, los cuales podrían reflejarse en el reino posterior a la muerte. Lo que es la ECM común es la de aquellos que sólo han entrado en el primer reino. Este reino tiene el "juicio" y se trata de lograr que el alma acepte futuras encarnaciones. Aquí no se "come" mucho, sólo se juzga o se sopesan los acontecimientos de la vida. Es por eso por lo que en esa fase la mayoría de las personas no se sienten mal, porque realmente no está sucediendo mucho aquí y los seres quieren que la nueva alma se "sienta bien" durante este proceso. Los que viven una experiencia cercana a la muerte son enviados de regreso en este punto, tal vez los seres sienten que "aún no son lo suficientemente sabrosos para comer" y quieren que regresen a la Tierra para obtener algo de energía "agradable. Nunca se suele hablar de estos otros reinos, pero el Códice

Nag Hammadi menciona estos otros reinos de muerte más allá del primero y es un lugar de maldad.

> *"Dios es un devorador de hombres. Por eso se le sacrifican hombres. Antes de que se sacrificaran hombres, se sacrificaban animales, ya que aquellos a quienes se les sacrificaba no eran dioses".* Evangelio de Felipe 63 [51]

Compartiré más sobre el tema de los diversos planos de muerte en el capítulo final. Porque este podría ser el truco más grande de todos los que enfrentamos con las ECM. A través de las experiencias de otros se nos "muestra" que sólo hay un tipo de experiencia después de la muerte y que no hay otras. Probablemente se trate de un engaño tan grande como el que existe, a la altura de las ideas de karma y pecado. Tenemos más que abordar en este libro antes de llegar a esta etapa de información, incluido el análisis de algunas ECM no estándar que pueden haber comenzado a tocar esas "otras capas" del reino de la muerte.

---

[51] http://gnosis.org/naghamm/gop.html

5

PLAN DE ACCION DE MUERTE

Un investigador extracorporal, William Buhlman, presentó en su libro *Aventuras en el más allá*, lo que, en su opinión, era un mensaje importante sobre la preparación para la muerte. Lo llamó "crear un plan de acción para su transición espiritual iluminada". No lo que sucedería con nuestros cuerpos o cosas después de nuestra muerte, sino cómo queremos que se desarrolle la semana o los días antes de nuestra muerte (suponiendo que tengamos algún conocimiento previo de ello y no seamos atropellados por un autobús y asesinados instantáneamente). Preguntó: *"Qué quiero a mi alrededor mientras me muero? Qué tipo de música, qué tipo de palabras?* Quiénes son las personas en las que confío para ayudarme en este proceso y cómo hacer que el espacio (ya sea en casa o en un hospital) sea un espacio sagrado? Presentó una serie de afirmaciones para crear un enfoque mental claro enfocado al estado posterior a la muerte. Preparó un CD personal con sugerencias de recordatorios del bucle repetitivo, que se reproduciría los días anteriores. Un mantra que proviene de él mismo, para que estas intenciones pudieran estar presentes en su conciencia y a su alma en el momento de la transición. Por supuesto, los suyos eran mucho más alegres y optimistas de lo que probablemente serán los nuestros (el creía que el estado después de la muerte es un gran lugar).

Podríamos crear afirmaciones como: *"Soy libre y soberano, aléjate de la luz blanca, regresa a Casa, no regresaré a este planeta loco"*. Esa es la idea. Mi sugerencia sería mantenerlos lo más positivos posible, concentrarse en dónde se quiere ir, no en lo que no se quiere. Creo que esta es una herramienta valiosa para tener lista como dirección o intención a medida que se acerca el evento de la muerte. El capítulo de *Nag Hammadi*, "Apócrifo de Santiago", nos dice que necesitaremos recordar a los arcontes que sabemos que no somos una forma material, que venimos del Pleroma (Unidad Verdadera) y que ese es nuestro Hogar. Saber esto y decirles es un recordatorio para el Demiurgo/arcontes de que no son del Pleroma y, como tales, no tienen poder para mantenernos alejados de él. Esto también podría ser parte de una cinta de CD o de una hoja de papel (para que alguien la lea si no hay electricidad ni reproductores de CD disponibles).

Qué pasa con las cosas en la habitación del hospital o en el dormitorio si el proceso sucede en la casa? Hay pinturas u objetos que quizás uno quiera poner allí? Música para reproducir. Recuerdos para recordar. Esta es su experiencia y debe crearse solo para usted, como usted quiere que sea. Qué mejor momento para establecerse conscientemente que las horas y los días inmediatamente anteriores a su muerte. La pregunta es: qué es lo que se quiere (no por comodidad, no estamos interesados en la comodidad), sino qué nos ayudará a salir de la Caverna para siempre, a dejar atrás la matriz y nunca más volver a caer en la locura? Cómo avanzamos hacia la cordura al morir?

Cómo quiere usted estar listo para los momentos finales para salir de la Caverna? Cree su propio plan de acción, infórmeselo a un familiar o amigo cercano y pídale que le ayude a lograrlo cuando se acerque el evento. Esta es una de las mejores sugerencias que he encontrado a lo largo de los años y es algo que haré una vez termine de escribir este libro.

Compartiré una cita que me estoy preparando para responder en respuesta a las demandas locas: *"El único poder y autoridad que tienes es el poder y la autoridad que yo te doy. Por lo tanto, lo revoco todo y sigo siendo el ser poderoso y soberano que siempre he sido"*.

6

LA LISTA DE RECAPITULACION

En los capítulos anteriores mencioné el poder de la recapitulación. Tendrá un beneficio para quien lo realice en el mundo material como una forma de recuperar la energía perdida durante la vida. Sin embargo, el objetivo principal de una recapitulación es prepararnos para la revisión de la vida después de la muerte, de modo que nada en ella nos sorprenda.

Hay muchas maneras diferentes de ver el pasado de uno con honestidad, para analizar los niveles más profundos de lo que sucedió. Para ver los acontecimientos con claridad, se debe ir más allá de la mente parásita normal y de la memoria normal de los acontecimientos. Ésas son sólo las historias que la mente ha creado sobre el pasado; mientras que la recapitulación está diseñada para ver el pasado con total honestidad. Es un proceso que sólo puede ser señalado y sugerido, pues el mejor camino para cada persona es altamente individualista y debe desarrollarse por sí mismo. Presento mi propia forma de realizar el proceso de recapitulación en el Apéndice B de mi libro *Falling For Truth*. Ese texto también está disponible en mi sitio web en el siguiente enlace: https://www.egyptian-wisdom-revealed.com/2020/06/recapitualtion

Durante mucho tiempo he recomendado que la gente haga una revisión de la vida. Toda la vida de uno. Y, como se mencionó en los capítulos anteriores, esto es para que no haya áreas ocultas de nuestras vidas que nos puedan sorprender en la revisión posterior a la muerte. El problema es que una revisión tan completa lleva años. Mi primera recapitulación tardó aproximadamente cuatro años en completarse. No estoy seguro de que la gente tenga ese tipo de tiempo ahora, dada la extraña situación mundial actual. Cualquiera que haya iniciado una revisión completa de su vida puede no llegar a completarla, dados los desafíos que parecen haber en el horizonte.

Por eso, yo ya no estoy sugiriendo que la gente haga una recapitulación completa de su vida (aunque si realmente usted se siente obligado a hacerlo, hágalo). Ahora sugiero que la gente haga una de dos cosas: hacer su lista de recapitulación o hacer su álbum de recuerdos. La lista de recapitulación es el primer paso para una recapitulación completa. Se utiliza como guía para que podamos tener un plan de organización del proceso, saber quién es nuestra próxima persona para revisar y algunos de los eventos relacionados con esa persona. La creación de la lista, sin embargo, es en sí misma una especie de recapitulación. Cuando hice mi lista por primera vez, lo que me llevó alrededor de tres meses, me trajo todo tipo de eventos y recuerdos olvidados durante el proceso. Entonces, si se hace la lista, tómese el tiempo para hacerlo por completo. Dedíquele unos tres o cuatro meses y no pare hasta que haya terminado.

Esta lista debe incluir todas las personas que usted haya conocido (no se incluye por ejemplo un trabajador de McDonald's quien tomó su pedido), pero debe ser completa. Como ayuda, puede encontrar libretas de direcciones antiguas, anuarios del colegio y fotografías. Cualquier cosa para refrescar la memoria, de con quién se interactuó en varios momentos de la vida. Dónde ha estado de vacaciones, dónde trabajo, dónde fue a comer? Una vez que haya una lista detallada de nombres, debe organizarse con la persona más reciente en la parte superior de la lista y sus padres al final. Luego tome la lista y escriba entre 1 y 3 eventos que tuvieron lugar con esa persona. Algunas serán personas que usted vio solo una vez, mientras que otras tendrán potencialmente muchos eventos entre los cuales elegir (en el caso de las personas con las que se pasó mucho tiempo, se puede elegir entre 20 y 25 eventos).

Cuando la lista y los eventos estén listos, lea la lista lentamente. Nombre a nombre, evento a evento. Tome su tiempo. Muchos recuerdos empezarán a aparecer. Tómese su tiempo con cada uno. Considere aquellos que le atraen. Cuando llegue a los nombres de aquellas personas con las que ha tenido encuentros sexuales, tómese un poco de tiempo para respirar y armonizar la energía (ya que los encuentros sexuales pueden crear mucha energía perdida y fuera de lugar cuando la actividad no se realizó con una conciencia clara). No se está haciendo esto como un resumen completo, simplemente lo está leyendo de nuevo, teniendo breves destellos a medida que se lee, y se ve qué más viene a la memoria. Esta práctica será el comienzo para prepararse y liberarse de toda culpa, vergüenza o necesidad de venganza de su pasado. Uno debe estar claro y tranquilo durante la revisión de la vida después de la muerte.

La otra recomendación sería hacer lo que Carlos Castañeda llamó *"un álbum de hechos memorables"*. Se trata de encontrar acontecimientos que nos sucedieron, pero que también fueron impersonales. No se trata de las cosas más importantes, de las mejores o peores cosas que ocurrieron en nuestras vidas, sino de cosas que de alguna manera tocan la vida de todos los humanos, que de alguna manera son universales, pero personales al mismo tiempo. Se necesita bastante trabajo para revisar la vida de uno y encontrar estos "momentos del álbum". Siempre comenzamos con lo que creemos que son nuestros "mejores y peores momentos", pero en general, nunca encajan en el llamado de "acontecimientos impersonales". Puede leer el capítulo *"Introducción"* de *El lado activo del infinito* para obtener más información sobre la realización de su álbum.

Una cosa que quiero señalar es que Castañeda se refirió a que hay dos tipos de "guerreros" (los que están en el camino de la Verdad Total). Un grupo que se conoce como acosadores (que trabajan principalmente en el ámbito material) y los llamados soñadores (aquellos que trabajan principalmente en realidades alternativas). La recapitulación no es tan importante para quien es un soñador, ya que su atención se centra en lo astral y, por lo tanto, la forma física es mucho menos sólida. Para el acosador, sin embargo, la recapitulación (junto con el proceso conocido como el no hacer) son elementos claves para su práctica. Menciono esto porque alguien que puede ser un soñador clásico podría saber instantáneamente: "No necesito resumir mi vida", y estaría en lo cierto. En cierto sentido, entran en contacto con sus vidas mientras viven experiencias extracorporales. Por lo tanto, el lector tiene que determinar a qué "tipo" pertenece su manifestación material para determinar qué tan importante es o no esta práctica para sí mismo.

91

Cuanto más tiempo se dedique a esta práctica antes de que llegue el momento de la muerte, más preparado estará en el otro lado cuando un ser arcóntico intente hacerlo sentir culpable con algún evento que fue parte de su pasado. Usted estará listo para ellos.

GLOSARIO

Etapas alquímicas
Las cuatro etapas alquímicas son: Nigredo (negro), Albedo (blanco), Citrinatius (amarillo) y Rubedo (rojo). Cada una era una etapa diferente del proceso interno y cada una tenía su propio simbolismo y presentación.

Reino astral
Un nivel más fino de realidad al que uno ingresa cuando tiene una experiencia fuera del cuerpo o una experiencia cercana a la muerte. Algunos afirman que es un plano de existencia entre la Tierra y el Cielo.

Cátaros
Secta cristiana que vivió principalmente en el sur de Francia y el norte de Italia entre los siglos XI al XV. Se sugiere que se desarrollaron a partir de grupos anteriores como los maniqueos y los bogomilos, aunque nadie está muy seguro de dónde vinieron. La Iglesia de Roma inició la primera Cruzada contra su propio pueblo para intentar acabar con los cátaros en el año 1209 d.C.

Demiurgo
Término gnóstico para lo que ellos llaman "el verdadero creador del mundo material". Este es un dios falso y se parece más a una computadora de inteligencia artificial que creó un reino artificial y atrapó almas humanas dentro de este. También conocido como Rex Mundane por los cátaros.

Budismo Dzogchen
Tradición oriental centrada en el vacío, la compasión y la fusión con la Luz Clara (Vacío)

93

Gnósticos

Grupos que siguen los postulados de la Gnosis (sabiduría), que es lo que se necesita para encontrar la Verdad. Uno de estos grupos fue responsable de escribir el Códice Nag Hammadi.

Hesiquia

Palabra griega para "quietud", y también para un grupo de monjes originario de la actual Turquía que floreció entre el 1000 y el 1400 d.C. Tienen una gran similitud con el budismo Dzogchen moderno.

Loosh / Energía Suelta

Término acuñado por el experimentador extracorporal Robert Monroe, en su libro *Far Journeys*. El término surgió cuando se le explicó en una experiencia por fuera del cuerpo, que los seres alienígenas que controlaban este reino deseaban loosh (un tipo de energía suelta), y crearon humanos y un mundo de conflicto y sufrimiento, ya que les daba el mejor loosh.

Códice Nag Hammadi

Una serie de libros (los primeros libros encuadernados y numerados en la historia) en lengua copta de un grupo de gnósticos encontrados cerca de Nag Hammadi, Egipto en 1945, y reconocidos por primera vez en 1947, el mismo año en que se anunciaron los Rollos del Mar Muerto.

Experiencia cercana a la muerte (ECM)

Una experiencia asociada a lo que parece ser una muerte próxima. Generalmente, las ECM tienen características similares (pero no todas) y quienes regresan a su cuerpo generalmente lo describen como algo placentero y que les cambia la vida.

Personaje no jugador (NPC por su sigla en inglés — Nota de la traductora)

En los videojuegos, son las personas que se ven en la pantalla y sirven para darle profundidad al juego, y quien juega no tiene influencia sobre ellos. Los NPC siempre seguirán un guion el 100% del tiempo.

Experiencia fuera del cuerpo (OBE por su sigla en inglés – Nota de la traductora)
Cuando la conciencia de alguien entra en un cuerpo no físico y puede interactuar en el reino físico o astral.

Unidad
Una experiencia que se puede llamar no dual, unidad o conciencia. Nada se ve fuera de uno mismo, ni nada más que uno mismo.

La caverna de Platón
Alegoría de un sistema de realidad excluyente encontrada en el libro La República de Platón

Pléroma
El hogar original del Padre, el Dios del Bien y su homóloga femenina Barbelo. Este lugar de Plenitud, Absoluto y Totalidad es el verdadero Hogar de la chispa divina interior conocida como alma.

Trampa del alma de la reencarnación
Un término para presentar nuestro mundo. Los seres no humanos crearon este reino o lo controlan y llevan almas humanas a un mundo artificial. Hacen esto para criar humanos para alimentarse". Wayne Bush

Vacío
Un lugar dentro o más allá del reino astral que puede llamarse "quieto" o "no dual". Muchos lo describen como negro u oscuro, pero no vacío. Probablemente esto también sea lo que se llama la "Luz Clara" del budismo Dzogchen, lo que debe ser el foco de conexión en la vida, para que sea más fácil conectarse con ella en la muerte.

Túnel de luz blanca
Una experiencia que muchos tienen durante una ECM: ver un túnel de luz blanca que los atrae. Generalmente, se describe como un sentimiento del mayor amor y alegría imaginable, casi imposible de resistir.

AGRADECIMIENTOS

Varias personas fueron de gran ayuda al ofrecer sugerencias y dar consejos durante las primeras copias del libro. Quiero destacar algunas personas estelares que ayudaron con la edición y continuaron con las sugerencias a medida que el libro pasaba de la idea al proyecto terminado: * Verushka Ettlin, Brian Johnston de "Cool Guitar Gear" y mi esposa, Gro Anita. Ella tuvo que lidiar durante varios meses con un hombre consumido por jornadas laborales de 10 horas para lograr completar este proyecto. Eso le otorga una estrella.

BIBLIOGRAFIA

(Recomiendo especialmente todos los títulos resaltados en negrilla)

Fuentes Generales

Anagnostou, Angeliki, *Can You Stand The Truth? The Chronicle of Man's Imprisonment: ¡Last Call!*, *(*2012)

Buhlman, William, *Adventures in the Afterlife*, (2013)

Castañeda, Carlos, *El Lado activo del infinito*, (1998)

Castañeda, Carlos, *El don del águila*, (1981)

Good Sky, Dianna, *Warrior Spirit Rising*, (2020)

Fawcett, Brian, *Public Eye: an Investigation into the Disappearance of the World* (1991)

Lash, John Lamb, *Not In His Image*, (2021)

Marshall, Bart, *Becoming Vulnerable to Grace*, (2021)

Scott, kenneth, *An Overview of the World System of Bondage,* Gemstone University

Talbot, Michael, *Holographic Universe*, (1991)

http://www.butterfliesfree.com (sitio web de Stephen Davis)

htpp://www.trickedbythelight.com (Wayne Bush)

Varias páginas de Wikipedia (este sitio provee versiones regulares de todos los temas).

Forever Conscious Research (Canal de YouTube)

Free at Last (Canal de YouTube)

www.gnosis.org

<u>Fuentes Cátaras</u>

Coppens, Philip, *Servants of the Grail*, (2009)

Douzet, Andre, *The Wanderings of the Grail*, (2006)

Mark, Joshua J. Mark, "World History Encyclopedia" htpp://www.worldhistory.org

McDonald, James MA, MSc. "Cathars and Cathar Beliefs in the Languedoc," http://www.cathar.info, última modificación: 8 February 2017

Palamas, Gregory, *Holy Hesychia: The Stillness that knows God*, ed Robin Amis, (2016)

Pickett, Linda, *The Templar Revelation: Secret Guardians of the True Identity of Christ*, (2007)

Smith, Andrew Phillip, *The Lost Teachings of the Cathars: Their Beliefs and Practices*, (2015)

SOBRE EL AUTOR

Howdie Mickoski es un filósofo e investigador. Él es el autor de 3 libros anteriores: *Falling For Truth*, (Enamorado de la verdad) *Exposing the Expositions* (Exponiendo las exposiciones) y *The Power of Then*. (El poder de entonces). El habla en varios canales de internet bajo el título "Charlas con Howie Micksoki" y también puede encontrarlo en su sitio web, el canal Locals y por ahora, también en YouTube.

También puede encontrarlo en su sitio web:

howdiemickoski.com

Locals

https://howdiemickoski.locals.com/

Gracias por leer este Libro